1467282

AUSGESCHIEDEN

Ja, ICH GRILL!
DUTCH OVEN

" # Ja, ich grill!

Dutch Oven

MORA FÜTTERER

EIN BUCH DER
EDITION MICHAEL FISCHER

Inhalt

Vorwort	7

GRUNDLAGEN — 9

Dutch Oven Praxisteil	10
Pflege des Dutch Oven	16

REZEPTE — 19

SUPPEN UND EINTÖPFE — 21

Fischcurry mit Rotbarsch	23
Gemüseeintopf mit Wirsing, Tomaten und Bohnen	25
Kichererbseneintopf mit Knoblauchwurst	29
Maissuppe mit Rinderhackbällchen	31
Muscheleintopf mit Chorizo	33
Rotes Gemüse-Kokoscurry mit Räuchertofu	35
Fischsuppe mit Lachsbrot und Cremolata	37
Sauerkrautsüppchen mit Winzersekt	39
Schwäbischer Linseneintopf mit Speck und Würstchen	41

DEFTIG MIT FLEISCH — 43

Blut- und Leberwurst mit Apfel-Sauerkraut	45
Brathähnchen mit Kartoffelgemüse	47
Gefüllte Zwiebeln mit Rinderhackfleisch in Rotwein	49
Kalbsfrikadellen in Kapernsoße	51
Gefüllte Ente mit Maronen und Rotkohl	55
Kalbstafelspitz aus dem Wurzelsud mit Schmalzkartoffeln	57
Gefüllter Hokkaido-Kürbis mit Lammhackfleisch, Schafskäse und Curry	59
Kartoffelgratin mit Speck und Thymian	61
Lammhaxen mit Salzzitrone, Tomaten und Kartoffeln	63
Kohlrabi-Hackfleischball	65
Rehkeule mit Kürbis-Maronen-Gemüse	67
Wildschweingulasch mit Pilzen	69
Geschmorte Rinderbeinscheiben	71

DEFTIG MIT FISCH — 73

Mediterrane Doraden	75
Sardinen in Tomatensoße	77
Tintenfische in Weißweinsugo mit Knoblauch, Basilikum und Kirschtomaten	79
Lachslasagne mit Ziegenfrischkäse und Spinat	83
Miesmuscheln in Weißweinsud	85
Runde Zucchini gefüllt mit Lachsfarce	87
Tintenfischtuben gefüllt mit Hokkaido-Kürbis	91

VEGETARISCH — 93
Börek mit Joghurt und Schafskäse — 95
Cannelloni mit Ricotta-Paprika-Füllung — 97
Grüne Bohnen mit Schwarzkümmel und Tomaten — 99
Hash Browns mit Mais, Peperoni und Cheddarkäse — 101
Kartoffel-Tortilla mit Paprika und Chili — 103

BACKEN — 105
Buchweizenbrot mit geräucherter Forelle, Dill und Sauerrahm — 107
Dunkelbierbrot gefüllt mit Preiselbeeren und Raclettekäse — 109
Kartoffelkugeln mit Sonnenblumenkernen, Petersilie, Parmesan und Speck — 111
Sesambrot gefüllt mit Lauch, Honig und Bergkäse — 113

WAFFELN AUS DER GLUT — 115
Dinkel-Zwiebelwaffeln — 117
Tomatenwaffeln mit Fenchel und Schafskäse — 119
Weizenbierwaffeln mit Majoran und Speck — 123

SANDWICHES AUS DER GLUT — 125
Roggenbrot-Sandwich mit geräucherter Entenbrust, Pflaumenmus und Ziegenkäse — 127
Toast Melba — 129
Sandwich mit Thunfisch, Avocado und Mango-Chutney — 131

SÜSS — 133
Süße Hefebrötchen mit Haselnüssen, Rosinen, Schokoladenstückchen und Rum — 135
Quarkauflauf mit Himbeeren — 137
Ofenschlupfer mit Äpfeln und Rosinen — 139
Mango-Crumble mit Schokoladenstreuseln — 143
Gugelhupf mit Rosinen, Rum und Pfirsichen — 145
Bratapfel mit Quark-Rosinen-Füllung — 147

Register — 150
Über die Autorin — 156
Dank — 157
Impressum — 160

Vorwort

Die wahrscheinlich älteste Kochmethode der Welt: Draußen, naturnah, auf offenem Feuer.

Als Köchin sage ich immer, Hitzequelle ist Hitzequelle, auf fast allem lässt es sich kochen, backen, schmoren und brutzeln. Man muss nur wissen, wie.

Kochen an der Feuerstelle ist fast in Vergessenheit geraten, dabei war früher nichts anderes denkbar.

Unser großer Vorteil heute ist, dass wir es deutlich einfacher haben, mit dem Feuer zu kochen. Wir können kreativ werden. Im, über oder am Feuer kochen und durch viele Tools individuell sein.

Schon seit jeher fasziniert mich das Feuer, weil es die Menschen gesellig sein und träumen lässt. Ob es wie in Kindheitserinnerungen das Stockbrot oder die Wurst am geschnitzten Stecken sind oder heute Gugelhupf, Braten und Eintopf … Im Freien hat man einfach den besten Appetit!

Grundlagen

DUTCH OVEN
Praxisteil

Als Dutch Oven bezeichnet man einen gusseisernen Feuertopf, welcher in der Regel auf drei Beinen steht. In diesem Feuertopf Speisen zuzubereiten ist wahrscheinlich eine der ältesten Kochmethoden der Welt.

Heute gibt es neben dem Dutch Oven auch geeignete Pfannen, Backformen, Waffel- und Sandwicheisen, welche für die Feuerstelle sehr gut geeignet sind. Durch die große Auswahl vervielfältigen sich die Angebote der Speisen und auch die Zubereitungsmöglichkeiten in und über der Feuerstelle.

Für die Zubereitung der Speisen im Dutch Oven gibt es folgende, generelle Faustregeln:

Beim Kochen im Dutch Oven, beispielsweise von Suppen und Eintöpfen, gilt: ⅓ heiße Briketts oder Kohlen auf dem Deckel und ⅔ unter dem Dutch Oven verteilen.

Beim Backen im Dutch Oven, beispielsweise von Brot und Kuchen, gilt: ⅔ der heißen Briketts oder Kohlen auf dem Deckel und ⅓ unter dem Dutch Oven verteilen.

Beim Schmoren, beispielsweise von einem Schweinebraten, gilt: ½ der heißen Briketts oder Kohlen auf dem Deckel und ½ unter dem Dutch Oven verteilen.

Beim Braten, beispielsweise von Bratkartoffeln, gilt: Heiße Briketts oder Kohlen nur direkt unter dem Dutch Oven verteilen, damit sich die ganze Hitze dort konzentrieren kann.

Durch die unterschiedliche Verteilung der Briketts oder Kohlen erzeugt man Ober- und Unterhitze und kann dadurch den Dutch Oven flexibel und je nach Bedarf nutzen.

Die genaue Menge an Briketts oder Kohlen, die du nehmen musst, ist ein Erfahrungswert, den man sehr schnell beim Kochen mit dem Dutch Oven erlernt. Je nach Größe der Briketts oder Kohlen brauchst du manchmal mehr und manchmal weniger. Grundsätzlich gilt dabei: mit weniger Glut beginnen und lieber Hitze nachlegen.

GRUNDLAGEN

DER DUTCH OVEN IN DER GLUT:

Wenn du einen Dutch Oven direkt in die Glut stellen möchtest, eignet sich am besten ein Gefäß mit drei kleinen Beinen. Durch diese Beschaffenheit kannst du die Glut unter den Dutch Oven legen, ohne dass diese den Topf direkt berührt. Auf diese Weise wird dein Gargut besonders schonend zubereitet. Besitzt du einen Dutch Oven mit planem Boden, also ohne Beine, lassen sich in diesem aber genauso gut Gerichte zubereiten. Achte dabei auf die Menge der Glut, die du unter den Dutch Oven gibst. Weniger Glut, weniger Hitze. Mehr Glut, mehr Hitze.

Je nach Gericht kannst du auf dem gusseisernen Deckel des Dutch Oven heiße Glut verteilen, wodurch du eine Art Backofen-Funktion erzeugst.

DEN DUTCH OVEN MIT BRIKETTS BEFEUERN:

Der Vorteil daran, deinen Dutch Oven mit Briketts anstelle von Kohlen anzufeuern, ist, dass du die Temperaturzufuhr zielgerichteter steuern kannst.

Zünde die Briketts an und lasse sie durchglühen. Je nachdem, was du in deinem Dutch Oven zubereitest, verteilst du glühende Briketts unter dem Dutch Oven, auf seinem Deckel oder auch beides.

DER FEUERTOPF AM DREIBEIN:

Den Dutch Oven an ein Dreibein zu hängen eignet sich besonders gut für die Zubereitung von Suppen und Eintöpfen. Auch Gerichte, bei denen man Zutaten zuerst anbraten muss, lassen sich sehr gut in dieser Hängevorrichtung fertigen.

Dadurch, dass der Feuertopf an einem Dreibein hängt, ist er in der Höhe verstellbar. Die Hitze lässt sich so besser regulieren, und durch den variierbaren Abstand zur direkten Hitzequelle fällt es dir leichter, Zutaten genau auf den Punkt anzubraten.

DIE GUSSEISERNE BACKFORM:

Backen in der Feuerstelle funktioniert ebenfalls wunderbar. Dafür kannst du entweder den klassischen Dutch Oven verwenden oder als Alternative eine gusseiserne Brot- oder Gugelhupfform mit Deckel.

Wichtig dabei ist, dass du genügend Glut unter und über deiner Form verteilst, sodass der Teig wie in einem Backofen backen kann. Hierbei musst du darauf achten, dass du nicht zu viel Glut um den Topf verteilst, sonst erzeugst du eine zu hohe Temperatur und dein Teig verbrennt, bevor er durch ist.

WAFFEL- UND SANDWICHEISEN:

Im gusseisernen Waffeleisen kannst du sowohl süße als auch pikante Waffeln backen.

Dafür legst du das geschlossene Waffeleisen in die Glut und drehst es nach ein paar Minuten um, wodurch die Waffel auf beiden Seiten schön knusprig gebacken wird.

Beim Sandwicheisen kannst du Toastbrot genauso gut wie dunkles Brot verwenden. Mit dem richtigen Belag und verschiedenen Toppings ist ein Sandwich ein schnelles und einfaches Essen für den kleinen Hunger am Lagerfeuer.

DIE GUSSEISERNE PFANNE:

Die gusseiserne Pfanne stellst du direkt in die Glut und brätst deine Speisen darin an. Am besten stellst du die Pfanne an den Rand der Feuerstelle, sodass du gut an sie herankommst und sie später problemlos wieder aus der Glut nehmen kannst.

DIREKT IN DIE GLUT:

Manche Zutaten kannst du auch direkt in der Glut garen, beispielsweise Zwiebeln, Rote Bete und Kartoffeln. Achte dabei darauf, die Zutaten an den Rand der Glut zu legen, damit diese nicht verbrennen.

Je nach Zubereitungsart wird das Steak auch direkt in der heißen Glut gegrillt. Dabei ist es wichtig, dass diese auch wirklich sehr heiß ist.

GETRÄNKE AM LAGERFEUER:

Auch Heißgetränke lassen sich, mit der richtigen Kaffee- oder Teekanne, direkt am Lagerfeuer zubereiten. Dafür sollte die Kanne nicht direkt in die Glut gestellt werden, sondern dicht daneben.

AM SPIESS – DIREKT ÜBER DEM LAGERFEUER:

Die wohl einfachste Art des Lagerfeuer-Grillens ist es, Bratwürste oder Marshmallows direkt am Spieß über der offenen Flamme zuzubereiten. Klassisch, authentisch und gesellig.

Pflege
DES DUTCH OVEN

Durch den regelmäßigen Gebrauch des Dutch Oven bildet sich eine natürliche Antihaftschicht. Diese sogenannte Patina wird durch Spülmittel oder das Waschen in der Spülmaschine angegriffen und beseitigt. Durch eine Beschädigung der Schicht kann das Material bei der nächsten Benutzung anfangen zu kleben, und die Lebensmittel haften im Topf fest. Deshalb gilt: Töpfe und Pfannen aus gusseisernem Material nur mit Wasser und einer Bürste reinigen, dann bleibt die für das Kochen mit dem Dutch Oven wichtige Patina erhalten.

Der Dutch Oven ist generell, bei guter Pflege, ein unzerstörbares Produkt. Nach dem Benutzen empfiehlt es sich, den Dutch Oven mit einem neutralen Öl, beispielsweise Pflanzenöl, einzufetten. Dafür das Öl auf ein Tuch geben und den Topf dünn damit einölen. In einem weiteren Schritt kann überschüssiges Fett wieder entfernt werden. Für die Pflege sollte kein Olivenöl benutzt werden, da dieses ranzig werden kann.

Der Dutch Oven sollte immer mit geöffnetem Deckel gelagert werden und jegliche Feuchtigkeit vermieden werden, um Rostschäden vorzubeugen. Säurehaltige Lebensmittel sollten nicht über Nacht im Dutch Oven gelagert werden, da die Säure das Gusseisen angreifen und den Geschmack der Speisen verändern kann. Diese Pflegeanleitung gilt im Allgemeinen für alle gusseisernen Brat- und Kochbehälter.

Rezepte

SUPPEN
UND EINTÖPFE

Fischcurry
MIT ROTBARSCH

Fischliebhaber kommen hier voll auf ihre Kosten!

Dutch Oven (Fassungsvolumen ca. 3 Liter)

ZUTATEN
(4 Portionen)

1 große Zwiebel
2 Knoblauchzehen
4 große Strauchtomaten
1 gelbe Paprika
1 kg Rotbarschfilet
400 g Fladenbrot (vom Vortag)
4 EL Pflanzenöl
1 EL Currypulver
½ TL schwarzer Pfeffer
¼ TL scharfes Paprikapulver
¼ TL gemahlener Koriander
gemahlener Piment
Salz

ZUBEREITUNG

Die Zwiebel schälen und in grobe Würfel schneiden. Die Knoblauchzehen schälen und fein hacken. Die Tomaten waschen, vom Strunk befreien und grob würfeln. Paprika halbieren, putzen und in grobe Würfel schneiden. Den Fisch gegebenenfalls entgräten und in ungefähr 3 cm große Stücke schneiden. Anschließend das getrocknete Fladenbrot in kleine Stücke brechen.

Den Dutch Oven in die heiße Glut stellen und das Pflanzenöl hineingeben. Die Zwiebel, den Knoblauch und die Paprika anbraten. Das Currypulver, den Pfeffer, das Paprikapulver, den Koriander und eine Prise Piment hinzugeben und ebenfalls anrösten. Die Rotbarbe kurz mit anbraten, das Fladenbrot und die Tomaten dazugeben, mit Wasser bedecken und salzen.

Den Dutch Oven mit seinem Deckel verschließen. ⅓ der heißen Briketts oder Kohlen auf dem Deckel und ⅔ unter dem Dutch Oven verteilen.

Das Fischcurry etwa 20 Minuten kochen lassen, bis das Brot weich und die Rotbarbe zerfallen ist.

Gemüse EINTOPF
MIT WIRSING, TOMATEN UND BOHNEN

Nicht nur Veganer werden diesen Eintopf lieben. Wirsing, Möhre und Pastinake ergänzen sich hervorragend!

Dutch Oven (Fassungsvolumen ca. 3 Liter)

ZUTATEN
(4 Portionen)

800 g Wirsing
2 Zwiebeln
4 Möhren
1 Pastinake
2 Knoblauchzehen
1 TL frischer Rosmarin
1 TL frischer Thymian
250 ml Weißwein
500 g passierte Tomaten
500 ml Gemüsebrühe
200 g weiße Bohnen, gekocht
¼ TL geriebener Muskat
¼ TL schwarzer Pfeffer
1 TL Zucker
Salz

ZUBEREITUNG

Den Wirsing waschen, vom Strunk befreien und in Streifen schneiden. Die Zwiebeln, die Möhren und die Pastinake schälen und würfeln. Die Knoblauchzehen schälen und fein hacken. Den Thymian und den Rosmarin fein hacken.

Wirsing, Zwiebeln, Möhren, Pastinake, Knoblauch, Thymian und Rosmarin in den Dutch Oven geben. Weißwein, passierte Tomaten, Gemüsebrühe, gekochte Bohnen, Muskat, Pfeffer, Zucker und beliebig viel Salz hinzufügen. Anschließend alle Zutaten gut miteinander verrühren.

Den Dutch Oven mit geschlossenem Deckel in die Glut stellen und ⅓ der heißen Briketts oder Kohlen auf dem Deckel und ⅔ unter dem Dutch Oven verteilen. Den Gemüseeintopf etwa 45 Minuten kochen.

TIPP
Den Gemüseeintopf mit Joghurt und Schwarzkümmel servieren.

SUPPEN UND EINTÖPFE KICHERERBSENEINTOPF

KICHER ERBSEN EINTOPF
MIT KNOBLAUCHWURST

Die Knoblauchwurst und der Speck geben dem Kichererbseneintopf eine ganz besondere Geschmacksnote!

Dutch Oven (Fassungsvolumen ca. 3 Liter)

ZUTATEN
(4 Portionen)

4 EL Pflanzenöl
250 g Bauchspeck, geräuchert
400 g Knoblauchwurst
2 Zwiebeln
1 Knoblauchzehe
500 g Strauchtomaten
600 g Kichererbsen, gekocht
1 TL frischer Rosmarin
1 TL frischer Thymian
Rinderfond (nach Belieben)
¼ TL geriebener Muskat
¼ TL schwarzer Pfeffer
Cayennepfeffer
½ TL Zucker
Salz
1 Bund glatte Petersilie

ZUBEREITUNG

Den Dutch Oven in die Glut stellen und das Pflanzenöl hineingeben.

Den Speck von der Schwarte befreien und in Würfel schneiden. Die Knoblauchwurst in grobe Stücke schneiden. Die Zwiebel und den Knoblauch schälen und fein würfeln. Alle Zutaten in den Dutch Oven geben und scharf anbraten.

Die Tomaten grob würfeln und mit den Kichererbsen in den Topf geben. Rosmarin und Thymian fein hacken und hinzufügen. Mit Wasser, optional mit Rinderfond, auffüllen. Anschließend mit Muskat, Pfeffer, einer Prise Cayennepfeffer, Zucker und einer Prise Salz würzen.

Den Dutch Oven mit seinem Deckel verschließen. ⅓ der heißen Briketts und Kohlen auf dem Deckel und ⅔ unter dem Dutch Oven verteilen. Den Eintopf etwa 30 Minuten kochen lassen.

Die Petersilie waschen, grob hacken und den Eintopf damit servieren.

SUPPEN UND EINTÖPFE MAISSUPPE

Maissuppe
MIT RINDERHACKBÄLLCHEN

> *Unwiderstehlich, mit herrlichem Geschmack. Die Hackbällchen geben der Suppe den besonderen Pfiff!*

Dutch Oven (Fassungsvolumen ca. 3 Liter)

ZUTATEN
(4 Portionen)

FÜR DIE SUPPE
2 Zwiebeln
1 Knoblauchzehe
1 Stange Lauch
2 Möhren
4 EL Pflanzenöl
1 Dose Mais (300 g Füllgewicht)
1 TL Currypulver
¼ TL schwarzer Pfeffer
¼ TL scharfes Paprikapulver
¼ TL gemahlener Koriander
1 l Gemüsebrühe
Salz
500 g Sahne
2 TL Kresse

FÜR DIE HACKBÄLLCHEN
1 Zwiebel
3 Scheiben Toastbrot
1 Ei (Größe M)
1 EL Senf
½ TL Salz
¼ TL schwarzer Pfeffer
1 EL gehackte Petersilie
600 g Rinderhackfleisch

ZUBEREITUNG

DIE MAISSUPPE
Die Zwiebeln schälen und in grobe Würfel schneiden. Die Knoblauchzehe schälen und fein hacken. Den Lauch waschen und in Ringe schneiden. Möhren schälen und in Würfel schneiden.

Den Dutch Oven in die heiße Glut stellen und das Pflanzenöl hineingeben. Die Zwiebel, den Knoblauch und den Lauch anbraten. Den Mais, das Currypulver, den Pfeffer, das Paprikapulver und den Koriander hinzugeben und mit der Gemüsebrühe ablöschen. Nach Belieben salzen.

Den Dutch Oven mit seinem Deckel verschließen. ⅓ der heißen Briketts oder Kohlen auf dem Deckel und ⅔ unter dem Dutch Oven verteilen.

Die Suppe etwa 20 Minuten kochen lassen, bis das Gemüse weich ist.

DIE HACKBÄLLCHEN
Die Zwiebel schälen und fein würfeln. Das Toastbrot kurze Zeit in ein wenig Wasser einweichen. Zwiebelwürfel, Ei, Senf, Salz, Pfeffer und die Petersilie zu dem Rinderhackfleisch geben. Das Toastbrot ausdrücken und ebenfalls zum Rinderhackfleisch hinzufügen. Alle Zutaten miteinander vermengen und nach Belieben nachwürzen. Kleine Bällchen aus dem Hackfleisch formen.

DER FEINSCHLIFF
Den Deckel des Dutch Oven abnehmen und die Sahne zu der Maissuppe geben. Die Suppe mit einem Pürierstab fein pürieren und anschließend die Hackfleischbällchen in die Suppe geben.

Den Dutch Oven wieder mit dem Deckel verschließen und nochmals etwa 20 Minuten köcheln lassen. Mit Kresse bestreuen und servieren.

SUPPEN UND EINTÖPFE MUSCHELEINTOPF

MUSCHEL *Eintopf*
MIT CHORIZO

Die Kombination aus Muscheln und Chorizo ergibt ein echtes Gaumenfest!

Dutch Oven (Fassungsvolumen ca. 3 Liter)

ZUTATEN
(4 Portionen)

1 kg Vongole (Venusmuscheln)
400 g Chorizo-Wurst
1 Zwiebel
1 Knoblauchzehe
400 g Kartoffeln
200 g Kirschtomaten
200 g Paprika
3 EL Olivenöl
300 ml Weißwein
½ EL gehackter Rosmarin
½ EL gehackter Thymian
500 ml Gemüsebrühe
3 EL frische Petersilie
3 EL frisches Basilikum
50 g Passepierre-Algen

ZUBEREITUNG

Die Muscheln unter kaltem Wasser gut abwaschen. Die Haut von der Chorizo abziehen und die Wurst grob zerteilen. Die Zwiebel, den Knoblauch und die Kartoffeln schälen und grob würfeln. Die Kirschtomaten halbieren. Anschließend die Paprika vom Kerngehäuse befreien und grob würfeln.

Den Dutch Oven in die heiße Glut stellen, das Olivenöl in den heißen Topf geben und Zwiebeln, Knoblauch und Chorizo darin scharf anbraten. Nach kurzer Zeit die Kartoffeln dazugeben und salzen. Die Zutaten mit dem Weißwein ablöschen, den Rosmarin und den Thymian dazugeben und mit der Brühe auffüllen. Den Dutch Oven mit seinem Deckel verschließen. ⅓ der heißen Briketts oder Kohlen auf dem Deckel und ⅔ unter dem Dutch Oven verteilen.

Kurz bevor die Kartoffeln gar gekocht sind, die Paprika und die Muscheln ebenfalls dazugeben. Erneut salzen und pfeffern und anschließend weitere 15 Minuten gar kochen.

Zum Schluss die Petersilie und das Basilikum waschen, fein hacken und zusammen mit den Passepierre-Algen in den Eintopf geben.

vegan

SUPPEN UND EINTÖPFE   ROTES GEMÜSE-KOKOSCURRY

ROTES Gemüse KOKOSCURRY
MIT RÄUCHERTOFU

Kokosmilch, Zitronengras und Ingwer sorgen in diesem Gericht für die exotische Note! Dieses Curry mit Tofu wird im Nu weggeputzt sein.

Dutch Oven (Fassungsvolumen ca. 3 Liter)

ZUTATEN
(4 Portionen)

1 Zwiebel
1 Knoblauchzehe
1 EL frischer Ingwer
2 Stangen Zitronengras
2 rote Paprika
1 mittelgroßer Hokkaido-Kürbis
4 große Möhren
600 g Räuchertofu
2 EL Pflanzenöl
1 EL rote Currypaste
Salz
800 ml Kokosmilch
800 ml Gemüsebrühe
4 Limettenblätter

ZUBEREITUNG

Die Zwiebel schälen und in feine Würfel schneiden. Den Knoblauch und den Ingwer schälen und fein hacken. Das Zitronengras in feine Ringe schneiden. Die Paprika und den Kürbis vom Kerngehäuse befreien und in grobe Würfel zerteilen. Die Möhren schälen und würfeln. Den Tofu ebenfalls in Würfel schneiden.

Den Dutch Oven in die Glut stellen und das Pflanzenöl hineingeben. Den Knoblauch, die Zwiebeln und die Currypaste im Öl andünsten. Paprika, Möhren, Tofu und Kürbis hineingeben und salzen. Das Gemüse mit der Kokosmilch und der Gemüsebrühe ablöschen. Anschließend das Zitronengras und die Limettenblätter hineingeben.

Den Dutch Oven mit seinem Deckel verschließen. $\frac{1}{3}$ der heißen Briketts oder Kohlen auf den Deckel und $\frac{2}{3}$ unter dem Dutch Oven verteilen. Das Curry etwa 25 Minuten garen.

TIPP
Das Curry mit frischem Koriandergrün servieren.

SUPPEN UND EINTÖPFE FISCHSUPPE

Fischsuppe
MIT LACHSBROT UND CREMOLATA

Das Lachsbrot ist mindestens genauso ein Star wie die Suppe. Zusammen sind sie unschlagbar!

Dutch Oven (Fassungsvolumen ca. 3 Liter) | Dutch Oven (Durchmesser ca. 25 Zentimeter)

ZUTATEN
(4 Portionen)

FÜR DIE SUPPE
1 Zwiebel
600 g Kartoffeln
2 EL Öl
400 ml Fischfond
400 g Lauch
500 g Lachsfilet
½ Bio-Zitrone
Salz
schwarzer Pfeffer
4 Stängel Dill
1 Knoblauchzehe
200 g saure Sahne

FÜR DAS BROT
2 Schalotten
80 g Staudensellerie
½ Bund Dill
200 g Räucherlachs (in Scheiben)
200 g Weizenmehl
2 gestrichene TL Backpulver
½ TL Salz
schwarzer Pfeffer
40 g saure Sahne (stichfest)
8 EL Pflanzenöl
1 Ei (Größe M)
200 g Buttermilch
40 g Emmentaler, gerieben
Butter

ZUBEREITUNG

DIE SUPPE
Die Zwiebel schälen und grob würfeln. Die Kartoffeln schälen, waschen und etwas kleiner würfeln. Den Dutch Oven in die heiße Glut stellen und das Öl darin erhitzen. Die Zwiebel andünsten, die Kartoffeln zugeben und kurz mitdünsten. Mit dem Fischfond und einem halben Liter Wasser ablöschen. Den Dutch Oven (Fassungsvolumen 3 Liter) mit seinem Deckel verschließen. ⅓ der heißen Briketts oder Kohlen auf dem Deckel und ⅔ unter dem Dutch Oven verteilen. Anschließend etwa 25 Minuten köcheln lassen. Währenddessen den Lauch putzen, waschen, in Ringe schneiden und nach etwa 10 Minuten Kochzeit zur Suppe hinzufügen. Währenddessen den Lachs in 2 cm große Würfel schneiden.

Die Schale der Zitrone abreiben und den Saft auspressen. Die Suppe mit dem Stabmixer fein pürieren und mit Salz, Pfeffer und 1 EL Zitronensaft abschmecken. Den Lachs in die Suppe geben und ca. 5 Minuten ziehen lassen. Für die Gremolata den Dill waschen, trocken schütteln und fein hacken. Knoblauch schälen und ebenfalls fein hacken. Die Zitronenschale mit Dill und Knoblauch vermischen. Die saure Sahne in die Suppe rühren und nochmals abschmecken. Mit der Dill-Gremolata bestreuen.

DAS BROT
Die Schalotten schälen, den Sellerie putzen, waschen und beides fein würfeln. Den Dill zerkleinern und den Lachs fein würfeln. Das Mehl mit dem Backpulver, dem Salz und einer Prise Pfeffer vermischen. Die saure Sahne, das Öl, das Ei und die Buttermilch unter das Mehl rühren. Den Emmentaler, die Schalotten, den Sellerie, den Dill und den Lachs mit unter den Teig heben.

Den Dutch Oven (Durchmesser 25 cm) mit Butter einfetten und den Teig hineinfüllen. Den Topf in die heiße Glut stellen und mit seinem Deckel verschließen. ⅔ der heißen Briketts oder Kohlen auf dem Deckel und ⅓ unter dem Dutch Oven verteilen. Das Brot etwa 30 Minuten backen.

SUPPEN UND EINTÖPFE   SAUERKRAUTSÜPPCHEN

SAUERKRAUT *Süppchen*
MIT WINZERSEKT

Dieses Superfood in Suppenform wird durch den sprudeligen Winzersekt zu einer neuen Geschmackserfahrung. Garantiert!

Dutch Oven (Fassungsvolumen ca. 3 Liter)

ZUTATEN
(4 Portionen)

2 Zwiebeln
1 Möhre
¼ Knollensellerie
4 Kartoffeln (mehligkochend)
1 Knoblauchzehe
300 g Sauerkraut, eingelegt
100 g Butter
¼ TL Muskat
¼ TL schwarzer Pfeffer
1 TL Salz
300 ml Winzersekt
1 l Gemüse- oder Fleischbrühe
400 g Sahne

ZUBEREITUNG

Die Zwiebeln, die Möhre, den Sellerie, die Kartoffeln und den Knoblauch schälen und in mittelgroße Würfel schneiden. Die Lake vom Sauerkraut abgießen und das Gemüse mit dem Kraut, der Butter, dem Muskat, dem Pfeffer und dem Salz in den Dutch Oven geben. Anschließend mit dem Winzersekt und der Brühe auffüllen.

Den Dutch Oven mit seinem Deckel verschließen. ⅓ der heißen Briketts oder Kohlen auf dem Deckel und ⅔ unter dem Dutch Oven verteilen. Die Suppe etwa 30 Minuten kochen lassen, bis das Gemüse und das Sauerkraut weich sind.

Die Sahne zur Suppe geben, nach Belieben nachwürzen und mit einem Stabmixer pürieren.

TIPP
Die Sauerkrautsuppe mit Blutwurst und frischer gehackter Petersilie servieren.

SUPPEN UND EINTÖPFE   SCHWÄBISCHER LINSENEINTOPF

SCHWÄBISCHER Linsen EINTOPF
MIT SPECK UND WÜRSTCHEN

Superfood! Linsen sind gesund und mit Speck und Würstchen kombiniert schmecken sie einfach fantastisch.

Dutch Oven (Fassungsvolumen ca. 3 Liter)

ZUTATEN
(4 Portionen)

1 große Zwiebel
2 große Möhren
¼ Knollensellerie
4 große Kartoffeln (festkochend)
3 EL Griebenschmalz
200 g Speck, gewürfelt
50 g Weizenmehl
500 g Belugalinsen
500 ml Rotwein
Gemüsebrühe (nach Belieben)
1 Bund Petersilie
100 ml Kräuteressig
1 TL Zucker
Salz
schwarzer Pfeffer
8 Wiener Würstchen

ZUBEREITUNG

Die Zwiebel, die Möhren, den Knollensellerie und die Kartoffeln schälen und in Würfel schneiden. Den Dutch Oven in die Glut stellen und das Griebenschmalz in ihm zerlassen. Den Speck und das gewürfelte Gemüse hineingeben, kurz anbraten und anschließend mit dem Mehl bestäuben. Die Linsen dazugeben, alles mit dem Rotwein ablöschen und nach Belieben mit Brühe oder Wasser großzügig auffüllen.

Den Dutch Oven mit seinem Deckel verschließen und ⅓ der heißen Briketts oder Kohlen auf dem Deckel und ⅔ unter dem Topf verteilen. Die Linsen etwa 1 Stunde weich kochen lassen. Dabei immer wieder kontrollieren, ob die Linsen noch genügend Flüssigkeit haben und bei Bedarf Flüssigkeit nachgeben. Währenddessen die Petersilie waschen und fein hacken.

Sobald die Linsen weich sind, den Eintopf mit Essig, Zucker, Salz und Pfeffer würzen. Zum Schluss die Wiener Würstchen hineingeben und mit der gehackten Petersilie servieren.

TIPP
Die Linsen ohne Salz kochen, dadurch werden sie schneller weich. Linsen erst im Nachhinein nach Belieben salzen.

DEFTIG

MIT FLEISCH

DEFTIG MIT FLEISCH   BLUT-UND LEBERWURST

Blut- und Leberwurst
mit Apfel-Sauerkraut

Im Apfel-Sauerkraut laufen Blut- und Leberwurst zu Hochform auf und werden herrlich würzig!

Dutch Oven (Fassungsvolumen ca. 3 Liter)

ZUTATEN
(4 Portionen)

2 Zwiebeln
4 Äpfel
1 kg Sauerkraut (eingelegt)
250 ml Weißwein
250 ml Apfelsaft
½ TL Kümmel
½ EL Zucker
Salz
4 frische Blutwürste
4 frische Leberwürste
2 Stängel Petersilie

ZUBEREITUNG

Zuerst die Zwiebeln schälen und in feine Streifen schneiden. Danach die Äpfel schälen, vom Kerngehäuse befreien und in Spalten schneiden.

Die Lake vom Sauerkraut abgießen und das Kraut mit den Zwiebeln, den Äpfeln, dem Weißwein, dem Apfelsaft, dem Kümmel, dem Zucker und etwas Salz in den Dutch Oven füllen und gut durchmischen.

Die Blut- und Leberwürste auf das Sauerkraut legen.

Den Dutch Oven mit verschlossenem Deckel in die Glut stellen. ⅓ der Briketts oder Kohlen auf dem Deckel und ⅔ unter dem Dutch Oven verteilen. Das Kraut etwa 45 Minuten im Topf schmoren lassen und nach Belieben nachwürzen.

Während das Sauerkraut kocht, die Petersilie waschen, fein hacken und zum Servieren über das fertige Gericht streuen.

DEFTIG MIT FLEISCH BRATHÄHNCHEN

BRAT Hähnchen
MIT KARTOFFELGEMÜSE

Hier spielt das Hähnchen die erste Geige!
Ein Fest für alle Feinschmecker, serviert mit köstlichem Kartoffelgemüse.

Dutch Oven (Fassungsvolumen ca. 5 Liter)

ZUTATEN
(4 Portionen)

FÜR DAS KARTOFFELGEMÜSE
2 Zwiebeln
2 Knoblauchzehen
800 g Kartoffeln (festkochend)
1 rote Paprika
1 grüne Paprika
200 ml Weißwein

FÜR DAS HUHN
½ TL Paprikapulver
½ TL Currypulver
¼ TL schwarzer Pfeffer
1 TL Salz
1 TL Honig
6 EL Pflanzenöl
1 Brathuhn
2 Knoblauchzehen
4 Stängel Thymian
2 Stängel Rosmarin

ZUBEREITUNG

DAS GEMÜSE
Die Zwiebeln schälen und in grobe Würfel schneiden. Die Knoblauchzehen schälen und halbieren. Die Kartoffeln schälen und in grobe Stücke schneiden. Zuletzt die Paprika waschen vom Kerngehäuse befreien und in grobe Spalten schneiden.

DAS HUHN
Das Paprikapulver mit dem Currypulver, dem Pfeffer, dem Salz, dem Honig und dem Pflanzenöl zu einer Marinade vermischen.

Das Huhn von innen und außen kräftig mit dreiviertel der Marinade marinieren. Danach das Innere des Huhns mit den geschälten und halbierten Knoblauchzehen sowie den Thymian- und Rosmarinstängeln füllen.

DER FEINSCHLIFF
Das Kartoffelgemüse mit der restlichen Marinade marinieren und zusammen mit dem Weißwein in den Dutch Oven füllen. Das Brathähnchen auf das Gemüse setzten.

Den Dutch Oven mit seinem Deckel verschließen. Die Hälfte der Briketts oder Kohlen auf dem Deckel und die andere Hälfte unter dem Topf verteilen. Das Gericht etwa 1 Stunde und 30 Minuten schmoren lassen.

> **TIPP**
> *Vor dem Servieren mit ein wenig frischer Petersilie bestreuen.*

DEFTIG MIT FLEISCH GEFÜLLTE ZWIEBELN

GEFÜLLTE ZWIEBELN
MIT RINDERHACKFLEISCH IN ROTWEIN

Die Zwiebel mal im Vordergrund! Gefüllt mit Rinderhackfleisch ist sie der pure Wahnsinn.

Dutch Oven (Fassungsvolumen ca. 3–4 Liter)

ZUTATEN
(4 Portionen)

- 8 große Zwiebeln
- 2 Scheiben Toastbrot
- 500 g Rinderhackfleisch
- 1 Ei (Größe M)
- 1 EL Senf
- 1 EL gehackte Petersilie
- Salz
- schwarzer Pfeffer
- 500 ml Rotwein
- 100 ml Portwein
- 2 TL Zucker
- 5 Pfefferkörner
- 3 Pimentkörner
- 2 Stängel Thymian
- 1 Stängel Rosmarin
- 1 Nelke

ZUBEREITUNG

Die Zwiebeln schälen und aushöhlen. Dabei darauf achten, dass die Zwiebel nicht ganz bis zum Boden ausgehöhlt wird, da sie sonst beim Kochen auseinanderfällt. Das Toastbrot in Würfel schneiden, kurz in Wasser legen, auspressen und zu dem Rinderhackfleisch geben. Das Ei, den Senf, die Petersilie, etwas Salz und Pfeffer zu dem Rinderhackfleisch hinzufügen und alles miteinander vermengen. Anschließend die ausgehöhlten Zwiebeln mit dem Hackfleisch füllen.

Den Dutch Oven in die heiße Glut stellen und Rotwein, Portwein, Zucker, 1 TL Salz, Pfefferkörner, Piment, Thymian, Rosmarin und die Nelke hineingeben. Anschließend die Zwiebeln in den Rotweinsud setzen.

Den Dutch Oven mit seinem Deckel verschließen, die Hälfte der Briketts oder Kohlen auf dem Deckel und die andere Hälfte unter dem Topf verteilen. Die Zwiebeln etwa 40 Minuten garen.

TIPP

Den Rotweinsud mit etwas Stärke binden und als Soße servieren. Die perfekte Beilage zu den Zwiebeln ist ein feines Kartoffelpüree.

DEFTIG MIT FLEISCH KALBSFRIKADELLEN

KALBS Frikadellen
IN KAPERNSOSSE

Diese Kalbsfrikadellen sind ein königlicher Genuss. Die Kapern setzen dem Ganzen die Krone auf!

Dutch Oven (Fassungsvolumen ca. 3 Liter)

ZUTATEN
(4 Portionen)

1 große Zwiebel
6 Scheiben Toastbrot
100 ml Milch
1 Bund Petersilie
1 kg Kalbshackfleisch
2 EL Senf
2 Eigelb
Salz
schwarzer Pfeffer
4 EL Butter
500 ml Weißwein
200 g Sahne
1 EL Kapern
2 Lorbeerblätter
½ Zitrone

ZUBEREITUNG

Die Zwiebel schälen und in feine Würfel schneiden. Das Toastbrot in der Milch einweichen, die Petersilie waschen, die Blätter von den Stielen zupfen und fein hacken. Das Kalbshackfleisch mit der Zwiebel, dem Senf, dem Eigelb, dem ausgedrückten Toastbrot und der Petersilie vermengen. Kräftig salzen und pfeffern. Die Hackfleischmasse in ungefähr 200 g große Frikadellen formen.

Den Dutch Oven in die heiße Glut stellen und die Butter darin schmelzen lassen. Die Kalbsfrikadellen in der Butter von beiden Seiten kross anbraten und anschließend mit dem Weißwein ablöschen. Den Wein kurz aufkochen lassen, die Sahne, die Kapern und die Lorbeerblätter dazugeben.

Den Dutch Oven mit seinem Deckel verschließen. ⅓ der heißen Briketts oder Kohlen auf dem Deckel und ⅔ unter dem Dutch Oven verteilen. Das Gericht etwa 15–20 Minuten köcheln lassen. Die Zitrone auspressen und die Soße vor dem Servieren mit frischem Zitronensaft abschmecken. Bei Bedarf nachwürzen.

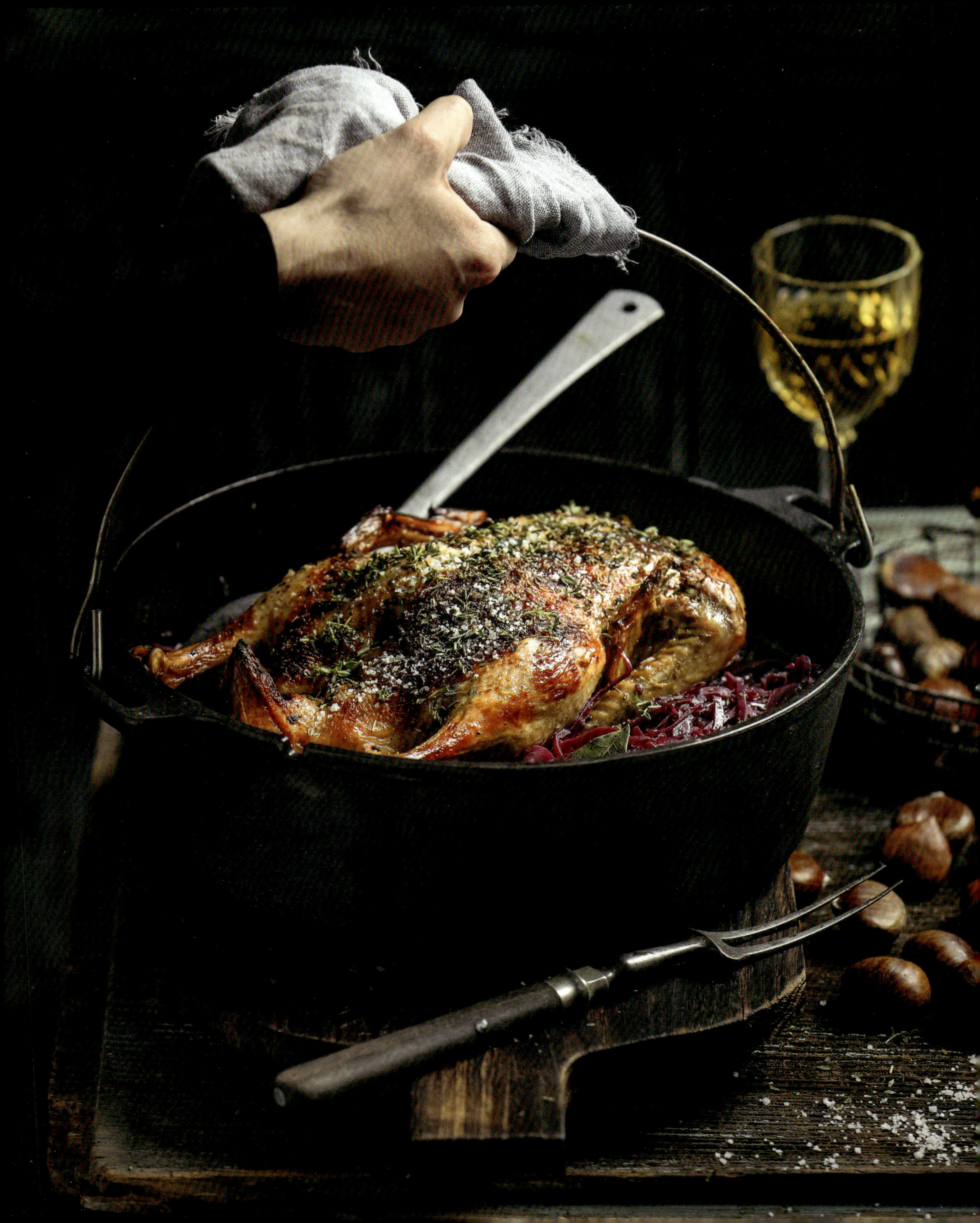

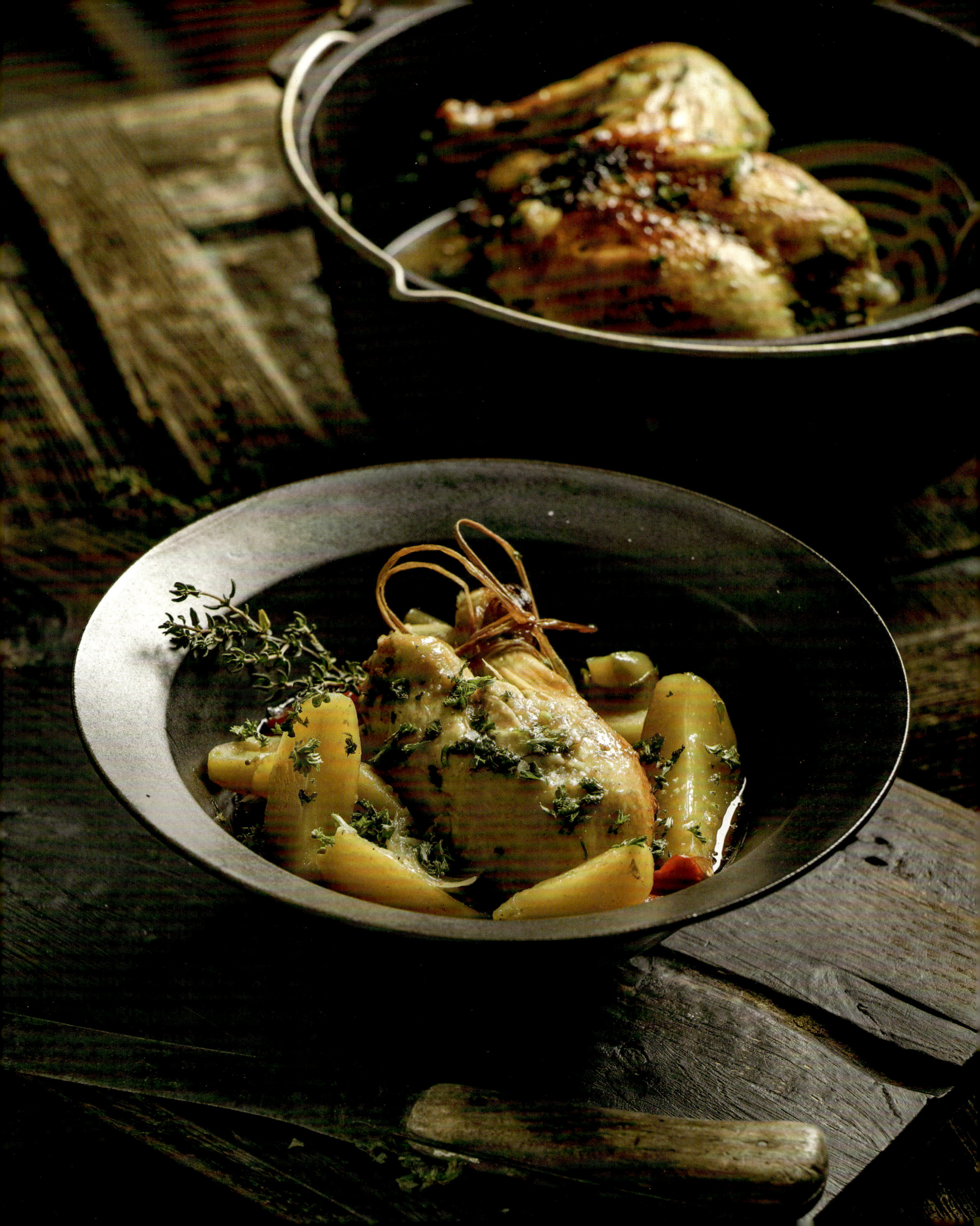

DEFTIG MIT FLEISCH   GEFÜLLTE ENTE

Gefüllte Ente
MIT MARONEN UND ROTKOHL

Wer es deftig mag, wird bei dieser gefüllten Ente mit Maronen und Rotkohl sein kulinarisches Glück erleben!

Dutch Oven (Fassungsvolumen ca. 5–6 Liter)

ZUTATEN
(4 Portionen)

FÜR DEN ROTKOHL
1 Kopf Rotkohl
2 Zwiebeln
2 Äpfel
500 ml Apfelsaft
500 ml Rotwein
100 ml Apfelessig
2 EL Preiselbeeren (aus dem Glas)
1 TL Zucker
½ TL Salz
¼ TL Zimt
2 EL Gänse- oder Schweineschmalz

FÜR DAS GEWÜRZ-EI
2 Lorbeerblätter
4 Nelken
10 Pfefferkörner
4 Wacholderbeeren
5 Pimentkörner

FÜR DIE ENTE
300 g Sauerteigbrot
150 ml Milch
300 g Maronen
5 Stängel Thymian
1 Ei (Größe M)
Salz
schwarzer Pfeffer
1 ganze Ente
1 TL Honig

ZUBEREITUNG

DER ROTKOHL
Den Rotkohl vierteln, vom Strunk befreien und in feine Streifen schneiden. Zwiebeln schälen und ebenfalls in feine Streifen schneiden. Den Apfel schälen, vom Kerngehäuse befreien und in zarte Scheiben zerteilen.

Den geschnittenen Rotkohl, die Äpfel und die Zwiebeln vermengen und mit dem Apfelsaft, dem Rotwein, dem Apfelessig, den Preiselbeeren, dem Zucker, Salz und Zimt marinieren und kräftig durchkneten. Lorbeerblätter, Nelken, Pfefferkörner, Wacholderbeeren und Pimentkörner in ein Gewürz-Ei (oder einen Gewürzbeutel) füllen und in den Rotkohl stecken. Den Rotkohl über Nacht durchziehen lassen.

DIE ENTE
Das Sauerteigbrot würfeln, die Milch leicht erwärmen und das Brot darin einweichen. Die Maronen grob zerkleinern und die Thymianblätter fein hacken. Das eingeweichte Brot mit dem Ei, den Maronen und dem Thymian vermengen. Nach Belieben noch salzen und pfeffern und anschließend die Ente damit befüllen.

Den Honig mit einem Teelöffel Salz und einer Prise schwarzem Pfeffer verrühren und die Ente von außen und innen damit würzen.

DIE ZUBEREITUNG
Das Gänse- oder Schweineschmalz mit dem Rotkohl und der entstandenen Marinade in den Dutch Oven füllen, die Ente auf den Rotkohl setzen und mit dem Deckel verschließen.

Unter dem Dutch Oven die Hälfte der Briketts oder Kohlen verteilen und die andere Hälfte auf dem Deckel platzieren. Die Ente und den Rotkohl etwa 1 Stunde und 30 Minuten schmoren.

DEFTIG MIT FLEISCH   KALBSTAFELSPITZ

KALBS *Tafelspitz*
AUS DEM WURZELSUD MIT SCHMALZKARTOFFELN

Dieser Kalbstafelspitz wird in seiner Kombination mit den Schmalzkartoffeln allseits auf große Zustimmung stoßen!

Dutch Oven (Fassungsvolumen ca. 3–4 Liter) | Dutch Oven (Fassungsvolumen ca. 2 Liter)

ZUTATEN
(4 Portionen)

FÜR DEN TAFELSPITZ
2 Möhren
½ Knollensellerie
2 Zwiebeln
1 Knoblauchzehe
1 Strauchtomate
½ Stange Lauch
1 kg Kalbstafelspitz
½ EL Pfefferkörner
2 Nelken
5 Pimentkörner
2 Lorbeerblätter
1 EL Salz

FÜR DIE KARTOFFELN
800 g Kartoffeln (festkochend)
200 g Schweineschmalz
Salz

ZUBEREITUNG

DER TAFELSPITZ
Die Möhren, den Sellerie, die Zwiebeln und den Knoblauch schälen und zusammen mit der gewaschenen Tomate und dem Lauch in grobe Stücke schneiden. Den Kalbstafelspitz mit dem Gemüse in den Dutch Oven (Fassungsvolumen ca. 3–4 Liter) legen und mit kaltem Wasser auffüllen. Die Pfefferkörner, die Nelken, den Piment, die Lorbeerblätter und das Salz dazugeben.

Den Dutch Oven mit seinem Deckel verschließen. ⅓ der heißen Briketts oder Kohlen auf dem Deckel und ⅔ unter dem Dutch Oven verteilen.

Den Tafelspitz etwa 1 ½–2 Stunden weich kochen und dabei immer darauf achten, dass die Glut ausreichend Hitze abgibt. Gegebenenfalls Kohlen oder Briketts nachlegen.

DIE KARTOFFELN
Die Kartoffeln schälen und in grobe Stücke schneiden. Den Dutch Oven (Fassungsvolumen ca. 2 Liter) in die Glut stellen und das Schmalz darin zergehen lassen. Die Kartoffeln dazugeben und salzen.

Den Dutch Oven mit seinem Deckel verschließen, ⅔ der heißen Briketts oder Kohlen auf dem Deckel verteilen und ⅓ darunter legen. Die Kartoffeln etwa 30–40 Minuten weich garen.

> **TIPP**
> *Den Tafelspitz in Scheiben schneiden, mit etwas Wurzelsud und den Schmalzkartoffeln servieren. Nach Belieben mit frischem Meerrettich verfeinern.*

DEFTIG MIT FLEISCH GEFÜLLTER HOKKAIDO-KÜRBIS

GEFÜLLTER Hokkaido-KÜRBIS
MIT LAMMHACKFLEISCH, SCHAFSKÄSE UND CURRY

Hochsaison für Kürbisse! Der gefüllte Hokkaido sorgt für allgemeine Glückseligkeit.

Dutch Oven (Fassungsvolumen ca. 4 Liter)

ZUTATEN
(4 Portionen)

FÜR DEN GEFÜLLTEN KÜRBIS
1 Hokkaido-Kürbis
1 Zwiebel
1 Knoblauchzehe
1 EL frischer Rosmarin
1 EL frischer Thymian
1 kleine frische Chilischote
600 g Lammhackfleisch
1 EL Currypulver
1 TL Honig
Salz
150 g Schafskäse
1 EL Olivenöl
250 ml Weißwein
1 TL Zucker
Rosmarinblätter (nach Belieben)

ZUBEREITUNG

DER HOKKAIDO
Den Deckel des Kürbisses abschneiden und den Hokkaido aushöhlen. Die Zwiebel und den Knoblauch schälen und in feine Würfel schneiden. Den Rosmarin, den Thymian und die Chilischote fein hacken. Das Lammhackfleisch mit dem Currypulver, dem Honig und ausreichend Salz würzen. Den gehackten Rosmarin, den Thymian und die Chili zusammen mit der gewürfelten Zwiebel und dem Knoblauch unter das Hackfleisch mischen. Den Schafskäse zerbröckeln und ebenfalls unter die Hackfleischmasse heben.

Den Kürbis von innen mit dem Olivenöl bestreichen, leicht salzen und mit der Hackfleischmasse füllen. Den Weißwein mit 1 TL Salz und dem Zucker in den Dutch Oven füllen und den Kürbis hineingeben.

Den Dutch Oven mit seinem Deckel verschließen und $2/3$ der Briketts oder Kohlen auf dem Deckel und $1/3$ unter dem Topf verteilen. Den Kürbis etwa 1 Stunde weich garen.

Zum Servieren ein paar Blätter Rosmarin über den Kürbis streuen.

TIPP
Den Hokkaido-Kürbis muss man nicht schälen. Die Schale wird so weich, dass man sie ebenfalls verzehren kann.

DEFTIG MIT FLEISCH KARTOFFELGRATIN

Kartoffel GRATIN
MIT SPECK UND THYMIAN

Dieser Klassiker geht immer! Thymian und Bergkäse geben dem Ganzen eine neue Note.

Dutch Oven (Fassungsvolumen ca. 2 Liter)

ZUTATEN
(4 Portionen)

1 kg Kartoffeln (vorwiegend festkochend)
1 TL frischer Thymian
2 EL frische Petersilie
250 g Speck (am Stück)
2 EL Pflanzenöl
500 g Sahne
¼ TL geriebener Muskat
¼ TL schwarzer Pfeffer
1 TL Salz
150 g Bergkäse (am Stück)

ZUBEREITUNG

Die Kartoffeln schälen und mit dem Gemüsehobel in feine Scheiben schneiden. Den Thymian und die Petersilie fein hacken. Den Speck von der Schwarte befreien und in Würfel schneiden.

Den Dutch Oven mit dem Pflanzenöl ausstreichen. Die Kartoffelscheiben mit dem Thymian, der Petersilie und dem Speck vermischen und in den Dutch Oven schichten. Die Sahne mit dem geriebenen Muskat, dem Pfeffer und dem Salz mischen und über die Kartoffelmasse geben. Den Bergkäse mit einer groben Reibe reiben und über den Kartoffeln verteilen.

Den Dutch Oven mit seinem Deckel verschließen, ⅔ der heißen Briketts oder Kohlen auf dem Deckel und ⅓ unter dem Topf verteilen. Das Kartoffelgratin etwa 50 Minuten weich backen.

DEFTIG MIT FLEISCH LAMMHAXEN

Lamm HAXEN
MIT SALZZITRONE, TOMATEN UND KARTOFFELN

Zünftig und ohne großen Schnickschnack stillen die Lammhaxen den Grillhunger auf gutes Fleisch!

Dutch Oven (Fassungsvolumen ca. 3 Liter)

ZUTATEN
(4 Portionen)

800 g Kartoffeln (festkochend)
400 g Strauchtomaten
1 Salzzitrone
1 große Zwiebel
2 Knoblauchzehen
4 kleine Lammhaxen (ca. 1,2 kg)
1 TL Salz
3 EL Olivenöl
250 ml Weißwein
½ TL Paprikapulver
½ TL Currypulver
½ TL Kreuzkümmel
¼ TL schwarzer Pfeffer
1 TL Zucker
2 Stängel frischer Rosmarin
4 Stängel frischer Thymian
Zimt

ZUBEREITUNG

Die Kartoffeln schälen und in grobe Stücke schneiden. Die Tomaten waschen, vom Strunk befreien und vierteln. Die Salzzitrone vierteln, das Fruchtfleisch heraustrennen und die Zitronenschale in feine Streifen schneiden. Die Zwiebel schälen, halbieren und in Streifen schneiden. Die Knoblauchzehen schälen und fein hacken. Die Lammhaxen mit dem Teelöffel Salz würzen.

Den Dutch Oven in die heißen Kohlen stellen und das Olivenöl hineingeben. Die Lammhaxen von beiden Seiten kurz anbraten. Die Zwiebeln, den Knoblauch und die Tomaten dazugeben, ebenfalls kurz anbraten und mit dem Weißwein ablöschen.

Die Kartoffeln, die Bestandteile der Salzzitrone, das Paprikapulver, das Currypulver, den Kreuzkümmel, den Pfeffer, den Zucker, den Rosmarin, den Thymian und eine Prise Zimt in den Topf geben. Anschließend alle Zutaten mit Wasser bedecken.

Den Dutch Oven mit seinem Deckel verschließen. Die Hälfte der heißen Kohlen oder Briketts auf dem Deckel verteilen und die andere Hälfte darunter. Die Lammhaxen etwa 40 Minuten weich kochen und gegebenenfalls nachwürzen.

TIPP
Die Lammhaxen in der Brühe mit dem Gemüse servieren und frischen Joghurt dazu reichen.

DEFTIG MIT FLEISCH KOHLRABI-HACKFLEISCHBALL

KOHLRABI-Hackfleisch BALL

Auf die Bälle, fertig, los!
Dieses Geschmackserlebnis wird ruckzuck verputzt sein.

Dutch Oven (Fassungsvolumen ca. 2–3 Liter)

ZUTATEN
(4 Portionen)

600 g Rinderhackfleisch
2 Eier (Größe M)
150 ml Barbecuesoße
3 EL gehackte Petersilie
4 kleine Kohlrabis
Salz
schwarzer Pfeffer
600 g Speck (in Scheiben)
2 EL Pflanzenöl

ZUBEREITUNG

Das Rinderhackfleisch mit den Eiern, der Barbecuesoße und 2 EL der Petersilie vermengen. Die Kohlrabis schälen, salzen und pfeffern und mit dem Hackfleisch ummanteln. Anschließend den Kohlrabi-Hackfleischball mit den Speckscheiben umwickeln.

Den Dutch Oven in die Glut stellen und das Pflanzenöl hineingeben. Die Kohlrabi-Bälle in den Topf legen und den Dutch Oven mit seinem Deckel verschließen. ⅓ der heißen Briketts oder Kohlen auf dem Deckel und ⅔ unter dem Topf verteilen. Den Kohlrabi etwa 45 Minuten weich garen. Vor dem Herausnehmen mit einem Stäbchen hineinstechen und eine Garprobe machen, ob der Kohlrabi wirklich weich ist.

Die Bälle mit der restlichen Petersilie bestreuen und servieren.

TIPP
Zu den Kohlrabi-Bällen Joghurt servieren, das gibt dem Gericht die nötige Frische.

DEFTIG MIT FLEISCH REHKEULE

Rehkeule
MIT KÜRBIS-MARONEN-GEMÜSE

Einfach himmlisch: Zusammen mit dem Kürbis-Maronen-Gemüse wird die Rehkeule zu einer Speise der Götter!

Dutch Oven (Fassungsvolumen ca. 4 Liter)

ZUTATEN
(4 Portionen)

½ TL Salz
schwarzer Pfeffer
¼ TL gemahlener Wacholder
¼ TL Zucker
1,2 kg Rehkeule (ohne Knochen)
Pflanzenöl
1 kg Hokkaido-Kürbis
1 Zwiebel
1 TL frischer Thymian
300 g Maronen (gekocht)
300 ml Weißwein
300 ml Gemüse- oder Fleischbrühe

ZUBEREITUNG

Das Salz mit einer Prise Pfeffer, dem Wacholder und dem Zucker mischen. Anschließend die Rehkeule mit der Gewürzmischung von allen Seiten würzen. Den Dutch Oven in die heiße Glut stellen, etwas Öl hineingeben und die Rehkeule von allen Seiten kräftig anbraten.

Zwischenzeitlich den Kürbis entkernen und in grobe Würfel schneiden. Die Zwiebel schälen und würfeln und den Thymian hacken. Den Kürbis, die Maronen, den Thymian und die Zwiebelwürfel unter die Rehkeule in den Dutch Oven schichten und mit dem Weißwein und der Brühe ablöschen.

Den Dutch Oven mit seinem Deckel verschließen. Die Hälfte der heißen Briketts oder Kohlen auf dem Deckel und die andere Hälfte unter dem Topf verteilen. Die Rehkeule 1 Stunde und 30 Minuten weich schmoren.

TIPP

Hokkaido-Kürbis muss man nicht schälen. Die Schale wird so weich, dass man sie problemlos verzehren kann.

DEFTIG MIT FLEISCH WILDSCHWEINGULASCH

WILDSCHWEIN *Gulasch*
MIT PILZEN

Klassisch und immer wieder gut ist dieses Wildschweingulasch mit frischen Pilzen und aromatischen Gewürzen.

Dutch Oven (Fassungsvolumen ca. 3–4 Liter)

ZUTATEN
(4 Portionen)

1,2 kg Wildschweingulasch (aus der Oberschale)
Salz
2 Zwiebeln
1 Knoblauchzehe
1 Möhre
¼ Knollensellerie
400 g Pilze nach Saison (z.B. Champignons, Steinpilze, Pfifferlinge)
Pflanzenöl
1 EL Tomatenmark
500 ml Rotwein
500 ml Wildfond (wahlweise Wasser)
2 Nelken
4 Wacholderbeeren
4 Pimentkörner
8 schwarze Pfefferkörner
2 Lorbeerblätter
200 g Sahne
2 EL Preiselbeeren
Speisestärke (nach Belieben)

ZUBEREITUNG

Das Wildschweingulasch kräftig salzen. Zwiebeln, Knoblauchzehe, Möhre und Knollensellerie schälen und in grobe Würfel schneiden. Die Pilze in etwa 2 cm große Stücke schneiden. Den Dutch Oven in die Glut stellen, etwas Öl hineingeben und das Fleisch mit dem Gemüse und den Pilzen kräftig anbraten. Das Tomatenmark hinzugeben, ebenfalls kurz mit anbraten und alles mit dem Rotwein und dem Wildfond ablöschen.

Nelken, Wacholderbeeren, Piment- und Pfefferkörner in einem Mörser grob zerkleinern. Die Gewürze zusammen mit den Lorbeerblättern in den Topf geben und den Dutch Oven mit seinem Deckel verschließen. Die Hälfte der heißen Briketts oder Kohlen auf dem Deckel und die andere Hälfte unter dem Topf verteilen. Das Gulasch etwa 1 ½–2 Stunden weich köcheln lassen.

Den Deckel entfernen und das Gulasch mit der Sahne und den Preiselbeeren verfeinern, gegebenenfalls mit Stärke abbinden. Nach Belieben mit Salz und Pfeffer nachwürzen.

TIPP
Das Gulasch mit Kartoffel- oder Kürbisstampf servieren.

DEFTIG MIT FLEISCH GESCHMORTE RINDERBEINSCHEIBEN

GESCHMORTE *Rinderbein* SCHEIBEN

Diese Rinderbeinscheiben schmoren vor sich hin, bis sie die Perfektion von Fleischgenuss verkörpern.

Dutch Oven (Fassungsvolumen ca. 4 Liter)

ZUTATEN
(4 Portionen)

1,6 kg Rinderbeinscheiben
Salz
4 EL Pflanzenöl
1 große Zwiebel
2 Knoblauchzehen
3 Möhren
6 Stangen Staudensellerie
3 große Strauchtomaten
3 EL Tomatenmark
500 ml Rotwein
2 Stängel Rosmarin
1 TL Pfefferkörner
1 TL Zucker
Speisestärke (nach Belieben)

ZUBEREITUNG

Die Rinderbeinscheiben von beiden Seiten salzen. Den Dutch Oven in die heiße Glut stellen und das Pflanzenöl hineingeben. Sobald der Dutch Oven heiß ist, die Rinderbeinscheiben von beiden Seiten scharf darin anbraten, wieder herausnehmen und beiseitelegen.

Die Zwiebel, den Knoblauch und die Möhren schälen und in grobe Würfel schneiden. Den Staudensellerie und die Tomaten waschen und grob würfeln. Das geschnittene Gemüse, bis auf die Tomatenwürfel, in den heißen Dutch Oven geben und ebenfalls scharf anbraten. Anschließend das Tomatenmark und die Tomatenwürfel dazugeben und ebenfalls anbraten. Anschließend das Gemüse mit dem Rotwein ablöschen und die Rinderbeinscheiben wieder hinzugeben. Mit Rosmarin, Pfefferkörnern, Zucker und mit 1 TL Salz würzen.

Den Dutch Oven mit dem Deckel verschließen und die Hälfte der heißen Kohlen oder Briketts auf diesem verteilen. Die andere Hälfte unter dem Topf platzieren und die Rinderbeinscheiben etwa 1 Stunde weich schmoren.

Die Soße kann bei Bedarf noch mit Stärke gebunden werden.

TIPP
Die Rinderbeinscheiben mit cremiger Polenta servieren.

DEFTIG
MIT FISCH

DEFTIG MIT FISCH   MEDITERRANE DORADEN

MEDITERRANE *Doraden*

> Dieses Gericht versetzt einen direkt ans Meer. Einfach nur lecker!

Dutch Oven (Fassungsvolumen ca. 4 Liter)

ZUTATEN
(4 Portionen)

FÜR DAS GEMÜSE
2 mittelgroße Zucchini
2 große Auberginen
8 große Strauchtomaten
2 rote Zwiebeln
2 Knoblauchzehen
150 g Oliven (schwarz)
2 Stängel Rosmarin
4 Stängel Thymian
6 EL Olivenöl
Salz

FÜR DIE DORADEN
4 Doraden
Meersalz
2 EL Olivenöl
2 Knoblauchzehen
1 Bund Basilikum
200 ml Weißwein

ZUBEREITUNG

DAS GEMÜSE
Die Zucchini, die Auberginen und die Tomaten waschen, vom Strunk befreien und in grobe Stücke schneiden. Zwiebeln schälen und in Streifen schneiden. Anschließend den Knoblauch schälen und halbieren.

Alle Zutaten zusammen mit den Oliven, dem Rosmarin und dem Thymian in den Dutch Oven geben, das Olivenöl hinzufügen, kräftig salzen und alle Zutaten gut durchmischen.

DIE DORADEN
Die Doraden von innen und außen mit Meersalz und Olivenöl würzen. Die Knoblauchzehen schälen, halbieren und den Bauch der Doraden jeweils mit einer halbe Zehe und ein paar Stängeln Basilikum füllen. Die Doraden auf das Gemüse legen und mit dem Weißwein übergießen.

Den Dutch Oven mit seinem Deckel verschließen und $2/3$ der heißen Kohlen oder Briketts auf dem Deckel verteilen. Das restliche Drittel unter dem Topf platzieren und die Doraden mit dem Gemüse etwa 30–40 Minuten garen. In den letzten 5 Minuten der Garzeit den Deckel öffnen, damit ein wenig Wasser verdampft.

Zum Servieren das Gemüse mit frischen Basilikumblättern bestreuen.

DEFTIG MIT FISCH   SARDINEN

Sardinen
IN TOMATENSOSSE

Sardinen und Tomaten sind ein grandioses Team! Wenn dann auch noch gute Gewürze dazukommen, wird es unschlagbar!

Dutch Oven (Fassungsvolumen ca. 2–3 Liter)

ZUTATEN
(4 Portionen)

3 große Zwiebeln
2 Knoblauchzehen
1 TL frischer Rosmarin
1 TL frischer Thymian
1 Bund Petersilie
6 EL Olivenöl
250 ml Weißwein
1 Dose geschälte Tomaten (500 g Füllgewicht)
2 Lorbeerblätter
schwarzer Pfeffer
Salz
2 TL Zucker
1 kg Sardinen

ZUBEREITUNG

Die Zwiebeln schälen und würfeln. Die Knoblauchzehen schälen und ebenso wie den Rosmarin, den Thymian und die gewaschene Petersilie fein hacken.

Den Dutch Oven in die heißen Kohlen stellen und das Olivenöl hineingeben. Die Zwiebeln und den Knoblauch im Olivenöl anbraten und mit dem Weißwein ablöschen. Die geschälten Tomaten, den Rosmarin, den Thymian, die Lorbeerblätter, eine Prise Pfeffer, den Zucker und einen Teelöffel Salz dazugeben. Den Deckel des Dutch Oven schließen und ⅓ der heißen Briketts oder Kohlen auf dem Deckel verteilen. Die restlichen ⅔ unter dem Topf platzieren und die Tomatensoße anschließend 20 Minuten kochen lassen.

Die Sardinen salzen und nach Ablauf der 20 Minuten auf die Tomatensoße legen. Den Deckel des Dutch Oven wieder verschließen und die heißen Briketts oder Kohlen wie folgt umverteilen: ⅔ auf dem Deckel und ⅓ unter dem Topf platzieren. Die Sardinen etwa 10 Minuten garen und mit der Tomatensoße und der frischen Petersilie servieren.

DEFTIG MIT FISCH TINTENFISCHE

Tintenfische

IM WEISSWEINSUGO MIT KNOBLAUCH, BASILIKUM UND KIRSCHTOMATEN

Diese geschmacksintensiven Tintenfische erfreuen garantiert jeden Feinschmecker!

Dutch Oven (Fassungsvolumen ca. 2 Liter)

ZUTATEN
(4 Portionen)

1 große Zwiebel
2 Knoblauchzehen
1 TL frischer Rosmarin
1 TL frischer Thymian
400 g Kirschtomaten
1 Bund Basilikum
1 kg Tintenfischtuben
6 EL Olivenöl
200 ml Weißwein
1 Lorbeerblatt
1 TL Salz
½ TL Zucker

ZUBEREITUNG

Die Zwiebel schälen und würfeln. Die Knoblauchzehen schälen und fein hacken. Den Rosmarin und den Thymian zerkleinern und die Kirschtomaten halbieren. Die Basilikumblätter von den Stielen zupfen und in feine Streifen schneiden. Anschließend die Tintenfischtuben putzen.

Den Dutch Oven in die heißen Kohlen oder Briketts stellen und das Olivenöl hineingeben. Die Tintenfischtuben in dem Olivenöl kräftig anbraten. Zwiebeln und Knoblauch dazugeben, kurz anschwitzen und dann mit dem Weißwein ablöschen. Den Rosmarin, den Thymian, das Lorbeerblatt, die Kirschtomaten, Salz und Zucker dazugeben. Die Tintenfische im Weißweinsud kurz aufkochen lassen.

Vor dem Servieren mit frischem Basilikum bestreuen.

TIPP
Zum Tintenfisch geröstetes Knoblauchbrot servieren.

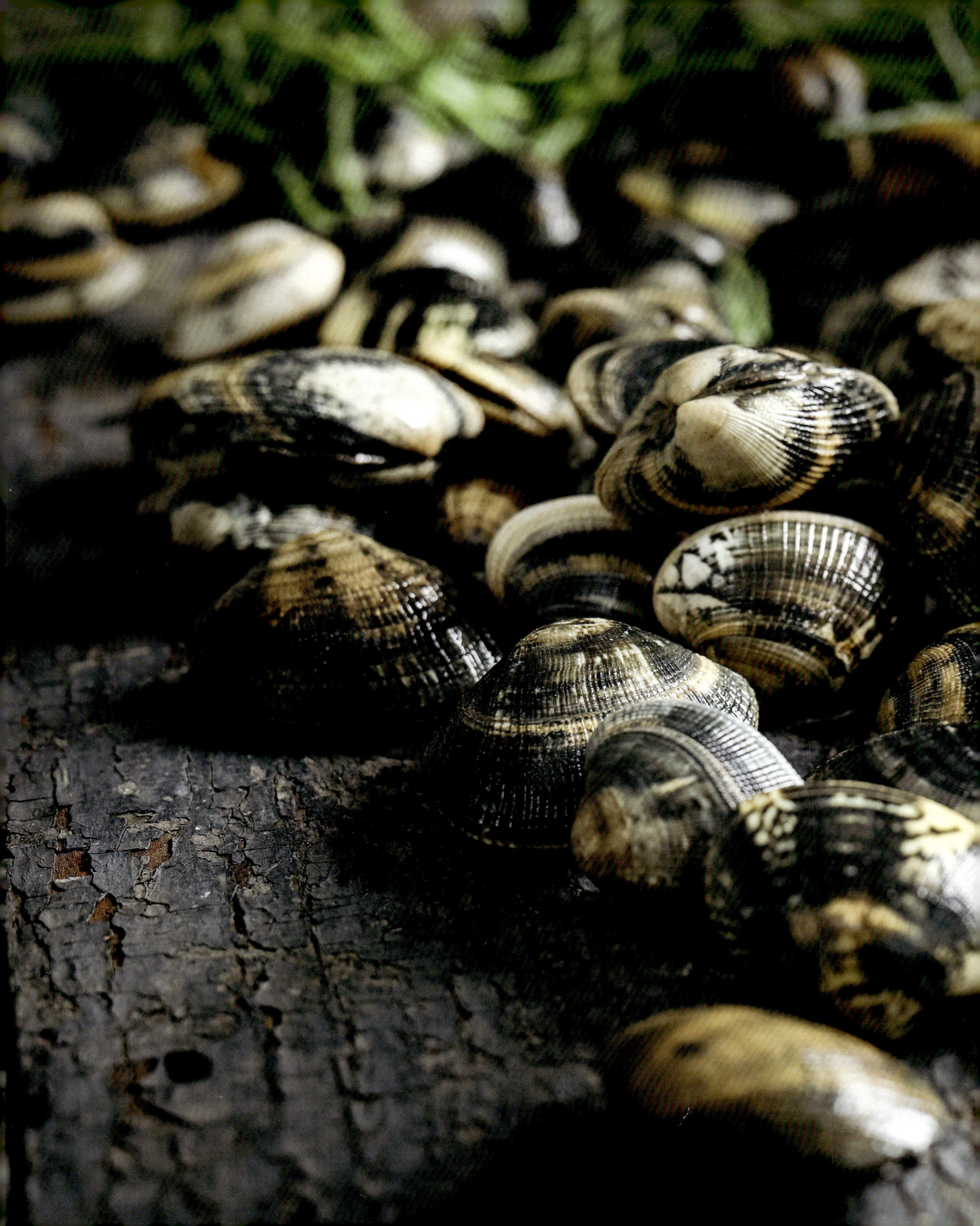

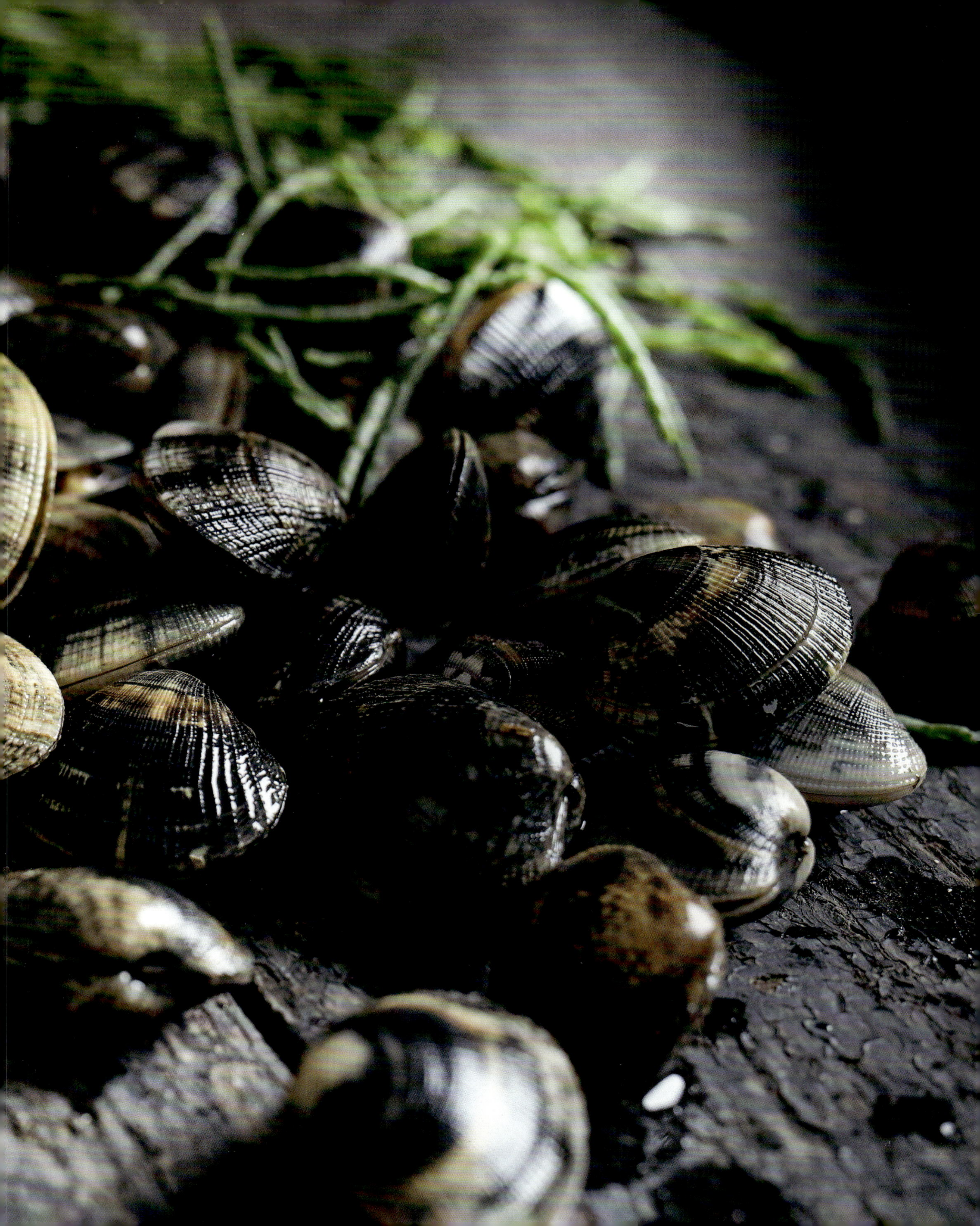

DEFTIG MIT FISCH   LACHSLASAGNE

LACHS *Lasagne*
MIT ZIEGENFRISCHKÄSE UND SPINAT

> Lachs, Ziegenkäse und Spinat vereinen sich zu einem Gaumenfest!
> Diese Genuss-Freude ist kaum zu toppen ...

Dutch Oven (Fassungsvolumen ca. 3 Liter)

ZUTATEN
(4 Portionen)

FÜR DIE BÉCHAMELSOSSE
60 g Butter
30 g Weizenmehl
500 ml Milch
Salz
Muskat

FÜR DIE LASAGNE
2 EL Pflanzenöl
500 g Tomaten
Salz
schwarzer Pfeffer
Zucker
300 g Lasagneblätter
200 g Ziegenfrischkäse
300 g TK-Spinat
600 g Lachsfilet
150 g Parmesan, gerieben
Basilikum (nach Belieben)

ZUBEREITUNG

FÜR DIE BÉCHAMELSOSSE
Den Dutch Oven in die Glut stellen und die Butter darin schmelzen. Das Weizenmehl dazugeben und mit der Butter zu einer hellen Mehlschwitze verrühren. Die kalte Milch hinzufügen und mit jeweils einer Prise Salz und Muskat würzen. Die Béchamelsoße unter ständigem Rühren aufkochen, bis sie dickflüssig ist.

DIE LASAGNE
Den Dutch Oven im kalten Zustand mit Pflanzenöl einreiben. Die Tomaten waschen, vom Strunk befreien, mit einem Stabmixer pürieren und mit etwas Salz, Pfeffer und Zucker würzen.

Eine Kelle der pürierten Tomaten auf dem Boden des Dutch Oven verteilen, darauf eine Schicht Nudelblätter platzieren. Auf den Nudelblättern einen Teil des Ziegenfrischkäses und des aufgetauten Spinats verteilen. Den Lachs würfeln, salzen und auf dem Spinat verteilen. Darüber eine Kelle Béchamelsauce und eine halbe Kelle pürierte Tomaten geben. Die erste Schicht mit Nudelblättern abdecken und die letzten Schritte wiederholen, bis alle Zutaten aufgebraucht sind. Auf der letzten Nudelplattenschicht eine Kelle Béchamelsauce und den geriebenen Parmesan verteilen.

Den Dutch Oven mit seinem Deckel verschließen. ²⁄₃ der heißen Briketts oder Kohlen auf dem Deckel und ¹⁄₃ unter dem Topf verteilen. Die Lasagne etwa 45 Minuten backen und mit Basilikumblättern anrichten.

DEFTIG MIT FISCH   MIESMUSCHELN

MIES *Muscheln*
IN WEISSWEINSUD

Muschelfreunde werden hier direkt mehrmals zugreifen. Lecker!

Dutch Oven (Fassungsvolumen ca. 3 Liter)

ZUTATEN
(4 Portionen)

2 Knoblauchzehen
400 g Kirschtomaten
80 ml Olivenöl
1,6 kg Miesmuscheln
2 Stängel Thymian
750 ml Weißwein
Zucker
Salz
schwarzer Pfeffer

ZUBEREITUNG

Den Knoblauch schälen und fein hacken und die Kirschtomaten waschen und halbieren. Den Dutch Oven in die Glut stellen und das Olivenöl hineingeben. Knoblauch, Kirschtomaten, Muscheln und Thymian hinzufügen und kurz anbraten. Anschließend mit dem Weißwein ablöschen, eine Prise Zucker dazugeben und die Muscheln salzen und pfeffern.

Den Dutch Oven mit dem Deckel verschließen und ⅓ der heißen Kohlen oder Briketts darauf verteilen. Die restlichen ⅔ unter dem Topf platzieren und die Muscheln etwa 20 Minuten kochen lassen.

TIPP
Die Muscheln mit geröstetem Knoblauchbaguette servieren.

DEFTIG MIT FISCH RUNDE ZUCCHINI

RUNDE Zucchini
GEFÜLLT MIT LACHSFARCE

Die haben's in sich! Die Lachsfarce lässt die Zucchini zur Hochform auflaufen.

Dutch Oven (Fassungsvolumen ca. 2 Liter)

ZUTATEN
(4 Portionen)

2 Knoblauchzehen
400 g Lachsfilet
½ TL Currypulver
¼ TL Paprikapulver
¼ TL schwarzer Pfeffer
Salz
200 g Sahne
4 runde Zucchini
250 ml Weißwein
2 Lorbeerblätter
Petersilie (nach Belieben)

ZUBEREITUNG

DIE LACHSFARCE
Die Knoblauchzehen schälen. Das Lachsfilet klein schneiden und mit einer Knoblauchzehe, dem Currypulver, dem Paprikapulver, dem Pfeffer, ½ TL Salz und der Sahne fein mixen. Aufpassen, dass der Mixer nicht zu heiß wird, sonst gerinnt das Fischeiweiß. Um dem vorzubeugen, kann man Eiswürfel zum Kühlen mit in die Lachsfarce mixen.

DIE ZUCCHINI
Die Zucchini waschen und den Strunk in Deckelform abschneiden. Das Innere der Zucchini aushöhlen und mit der Lachsfarce füllen. Den Weißwein mit der übrigen Knoblauchzehe, ½ TL Salz und den Lorbeerblättern in den Dutch Oven füllen. Die Zucchini in den Dutch Oven hineinstellen und diesen mit dem Deckel verschließen.

⅓ der heißen Briketts oder Kohlen auf dem Dutch Oven verteilen, die restlichen ⅔ unter dem Topf platzieren und die Zucchini etwa 40 Minuten weich garen.

Vor dem Servieren nach Belieben mit gehackter Petersilie bestreuen.

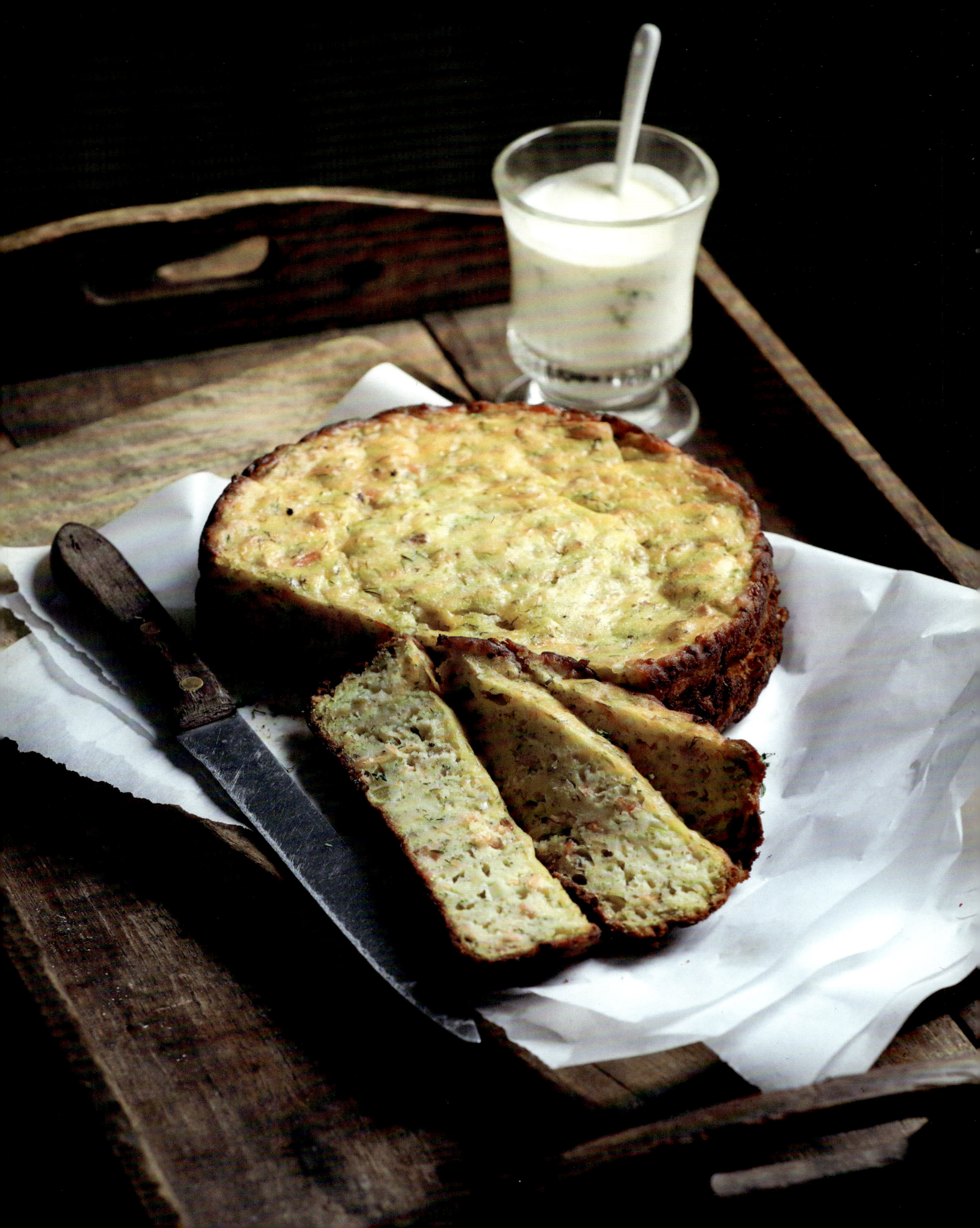

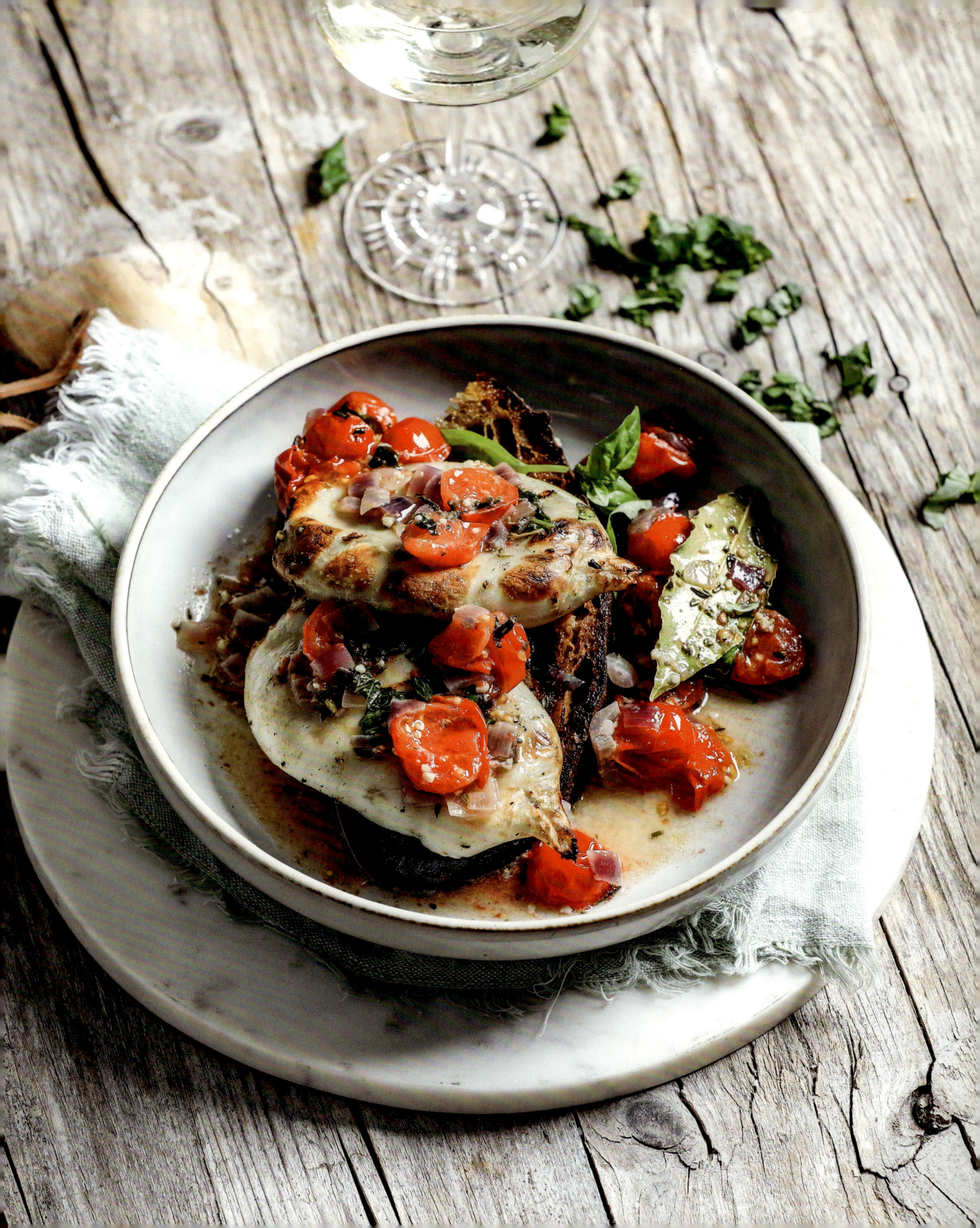

DEFTIG MIT FISCH TINTENFISCHTUBEN

TINTENFISCH *Tuben*
GEFÜLLT MIT HOKKAIDO-KÜRBIS

Tintenfisch und Kürbis sind eine außergewöhnliche Kombination. Wahrscheinlich ist der Genuss deswegen so einzigartig und aufregend!

Dutch Oven (Fassungsvolumen ca. 2–3 Liter), optional eine gusseiserne Pfanne

ZUTATEN
(4 Portionen)

400 g Hokkaido-Kürbis
1 große Kartoffel (mehligkochend)
1 Zwiebel
1 Knoblauchzehe
4 EL Olivenöl
1 TL gehackter Rosmarin
1 TL gehackter Thymian
1 TL Currypulver
100 ml Weißwein
Salz
Zucker
schwarzer Pfeffer
4 große Tintenfischtuben

ZUBEREITUNG

Den Kürbis halbieren und von den Kernen befreien. Die Kartoffel schälen und beides in grobe Würfel schneiden. Die Zwiebel und den Knoblauch schälen und in feine Würfel zerkleinern.

Den Dutch Oven in die Glut stellen und Zwiebel und Knoblauch in Olivenöl glasig braten. Die Kartoffel, den Kürbis, Rosmarin, Thymian und etwas Currypulver dazugeben. Alle Zutaten gut anbraten und mit dem Weißwein ablöschen. Salzen, zuckern und pfeffern und bei geschlossenem Deckel dünsten. Wenn der Kürbis weich und alle Flüssigkeit verdampft ist, die Masse pürieren und nochmals abschmecken.

Die Tintenfischtuben salzen und pfeffern und mit der Kürbismasse füllen. Das Ende der Tuben mit einem Zahnstocher verschließen. Die Tintenfischtuben im heißen Dutch Oven, optional in einer gusseisernen Pfanne, von beiden Seiten kräftig in Olivenöl anbraten. Mit geschlossenem Deckel etwa 5 Minuten fertig braten.

VEGETARISCH

VEGETARISCH BÖREK

Börek

MIT JOGHURT UND SCHAFSKÄSE

Dieses Gericht lässt von orientalischen Welten träumen – einfach nur köstlich!

Dutch Oven (Fassungsvolumen 2–3 Liter), optional gusseiserne Auflaufform (Durchmesser 40 cm)

ZUTATEN
(4 Portionen)

1 kleine Knoblauchzehe
350 g Naturjoghurt
2 Eier (Größe M)
150 ml Milch
2 EL Olivenöl
Salz
4 EL frische Petersilie
350 g Schafkäse
½ TL geschroteter schwarzer Pfeffer
Butter
300 g Yufka-Teig
1 TL schwarzer Sesam

ZUBEREITUNG

Den Knoblauch schälen und fein hacken. Den Joghurt mit den Eiern, der Milch und dem Olivenöl verrühren und mit etwas Salz abschmecken. Die Petersilie hacken, den Schafskäse zerbröckeln und mit dem Knoblauch und dem Pfeffer vermischen.

Den Dutch Oven gut mit Butter einfetten. Eine Lage Yufka-Teig in den Topf legen, darauf ein Teil der Joghurtmasse verteilen und wieder mit einer Lage Yufka-Teig bedecken. Auf dieser Fläche einen Teil der Schafskäsemasse verteilen und wieder mit einer Lage Yufka-Teig bedecken. Diesen Vorgang so oft wiederholen, bis Teig und Masse aufgebraucht sind. Die letzte Teigschicht mit der Joghurtmasse bedecken und darauf den schwarzen Sesam streuen.

Den Dutch Oven, wahlweise die Auflaufform, mit dem Deckel verschließen und ⅔ der heißen Briketts oder Kohlen auf dem Deckel verteilen. Das restliche Drittel unter dem Gefäß platzieren und den Börek etwa 30 Minuten backen.

TIPP

Dazu Spinatsalat mit Sesamdressing servieren.

VEGETARISCH CANNELLONI

Cannelloni

MIT RICOTTA-PAPRIKA-FÜLLUNG

*Da tun sich ganz neue Geschmackserlebnisse auf!
Cannelloni mit Ricotta und Paprika ... was für eine Köstlichkeit!*

Dutch Oven (Fassungsvolumen 2–3 Liter), optional gusseiserne Auflaufform (Durchmesser 40 cm)

ZUTATEN
(4 Portionen)

FÜR DIE CANNELLONI
1 rote Paprika
600 g Ricotta
300 g Pecorino-Käse, gerieben
2 Eier (Größe M)
Salz
schwarzer Pfeffer
12 Cannelloni

FÜR DIE SOSSE
1 Zwiebel
1 Knoblauchzehe
1 TL frischer Thymian
2 EL frischer Liebstöckel
500 g Strauchtomaten
½ TL Zucker
500 ml Gemüsebrühe
  (wahlweise Wasser)
Salz
schwarzer Pfeffer
frischer Majoran (nach Belieben)

ZUBEREITUNG

DIE CANNELLONI
Die Paprikaschote waschen, vom Kerngehäuse befreien und in feine Würfel schneiden. Den Ricotta mit 200 g des Pecorinos, den Eiern und den Paprikawürfeln vermischen. Mit Salz und Pfeffer abschmecken. Anschließend die Cannelloni mit der Ricottamasse füllen.

DIE SOSSE
Die Zwiebel und den Knoblauch schälen und in feine Würfel schneiden. Thymian und Liebstöckel fein hacken. Anschließend die Strauchtomaten waschen, den Strunk entfernen und grob würfeln.

Die Tomatenwürfel mit der Zwiebel, dem Knoblauch, dem Thymian, dem Liebstöckel, dem Zucker und der Gemüsebrühe (wahlweise Wasser) mischen und mit dem Stabmixer fein pürieren. Die Tomatensoße nach Belieben mit Salz und Pfeffer abschmecken.

DIE ZUBEREITUNG
Die Tomatensoße in den Dutch Oven füllen. Die Cannelloni nebeneinander flach auf die Tomatensoße schichten und mit dem restlichen Pecorino-Käse bestreuen.

Den Dutch Oven mit seinem Deckel verschließen, ⅔ der heißen Briketts oder Kohlen auf dem Deckel und ⅓ unter dem Gefäß verteilen. Die Cannelloni etwa 45 Minuten weich garen.

Nach Belieben vor dem Servieren mit Majoranblättern bestreuen.

VEGETARISCH GRÜNE BOHNEN

GRÜNE Bohnen
MIT SCHWARZKÜMMEL UND TOMATEN

Vegetarisches Vergnügen auf hohem Niveau! Die grünen Bohnen fusionieren mit Gewürzen und Kräutern zu einer echten Geschmacksexplosion.

Dutch Oven (Fassungsvolumen ca. 2–3 Liter)

ZUTATEN
(4 Portionen)

1 große Zwiebel
1 Knoblauchzehe
1,2 kg breite grüne Bohnen
1 Bund Petersilie
4 EL Olivenöl
2 Dosen geschälte Tomaten
 (je 400 g Füllgewicht)
2 TL Schwarzkümmel
1 TL Zucker
1 EL frisches Bohnenkraut
¼ TL schwarzer Pfeffer
Salz

ZUBEREITUNG

Zwiebel schälen und in grobe Würfel schneiden. Die Knoblauchzehe schälen und fein hacken. Die Bohnen waschen, die Stielansätze entfernen und in etwa 5 cm lange Stücke schneiden. Anschließend die Petersilie waschen und zerkleinern.

Den Dutch Oven in die heiße Glut stellen, das Olivenöl hineingeben und die Zwiebel zusammen mit dem Knoblauch anbraten. Die Bohnen, die geschälten Tomaten, Schwarzkümmel, Zucker, Bohnenkraut, Petersilie und Pfeffer dazugeben. Kräftig salzen und mit 200 ml Wasser auffüllen.

⅓ der heißen Briketts oder Kohlen auf dem geschlossenen Dutch Oven verteilen, die restlichen ⅔ unter dem Topf platzieren. Die Bohnen etwa 25 Minuten weich kochen lassen.

TIPP
Die Bohnen mit Fladenbrot und kaltem Joghurt servieren.

VEGETARISCH   HASH BROWNS

HASH Browns
MIT MAIS, PEPERONI UND CHEDDARKÄSE

Der würzige Cheddar gibt diesen Hash Browns den ganz besonderen Schliff! Ein kulinarischer Leckerbissen ...

Dutch Oven (Fassungsvolumen ca. 2 Liter)

ZUTATEN
(4 Portionen)

1 kg Kartoffeln (vorwiegend festkochend)
Salz
4 Peperoni, eingelegt
1 Dose Mais (285 g Abtropfgewicht)
Muskat
4 EL Barbecuesoße
150 g Butter
250 g Cheddarkäse
Frühlingszwiebeln (nach Belieben)

ZUBEREITUNG

Die Kartoffeln mit etwas Salz weich kochen. Die Peperoni in feine Scheiben schneiden und die Lake von dem Mais über einem Sieb abgießen. Die gekochten Kartoffeln schälen und mit einer groben Reibe reiben. Anschließend mit dem Mais, den Peperoni, einer Prise Muskat und der Barbecuesoße vorsichtig vermengen. Die fertige Kartoffelmasse nach Geschmack salzen.

Die Butter in kleinen Flöckchen auf dem Boden des Dutch Oven verteilen. Die Kartoffelmasse flach in den Dutch Oven hineinfüllen, den Cheddarkäse reiben und über den Kartoffeln verteilen.

Den Dutch Oven mit seinem Deckel verschließen und $\frac{1}{3}$ der heißen Briketts oder Kohlen auf dem Deckel verteilen. Die restlichen $\frac{2}{3}$ unter dem Topf platzieren und die Hash Browns etwa 20 Minuten backen.

Vor dem Servieren nach Belieben mit in Ringe geschnittenen Frühlingszwiebeln bestreuen.

VEGETARISCH   KARTOFFELTORTILLA

KARTOFFEL *Tortilla*
MIT PAPRIKA UND CHILI

Die Tortilla aus dem Dutch Oven braucht nur wenige Zutaten und ist schnell gemacht. Trotzdem schmeckt sie einfach köstlich!

Dutch Oven (Fassungsvolumen ca. 2 Liter)

ZUTATEN
(4 Portionen)

400 g Kartoffeln (festkochend)
400 g rote Paprikaschoten
1 Knoblauchzehe
1 große Zwiebel
1 Bund Petersilie
½ Chilischote
5 EL Olivenöl
8 Eier (Größe M)
Salz

ZUBEREITUNG

Die Kartoffeln weich kochen, pellen und in grobe Würfel schneiden. Die Paprikaschoten waschen, vom Kerngehäuse befreien und ebenfalls in grobe Würfel schneiden. Die Knoblauchzehe schälen und fein hacken. Die Zwiebel schälen und in Ringe schneiden. Petersilie waschen und zerkleinern. Anschließend die halbe Chilischote fein hacken.

Den Dutch Oven in die glühenden Kohlen stellen und das Olivenöl hineingeben. Die Paprika, den Knoblauch und die Zwiebeln im Öl anbraten. Die Eier in einer Schüssel verquirlen und mit der Petersilie, den Kartoffeln, der Chili und 1 TL Salz vermischen. Nach Belieben nachwürzen und die Masse zu dem Gemüse in den Dutch Oven geben.

Den Dutch Oven mit seinem Deckel verschließen und ⅔ der heißen Briketts oder Kohlen auf dem Deckel verteilen. Das restliche Drittel unter dem Topf platzieren und die Tortilla etwa 15–20 Minuten backen.

TIPP
Als Fleischvariante gebratene Chorizo-Würfel mit in die Tortilla geben.

BACKEN

BACKEN   BUCHWEIZENBROT

BUCHWEIZEN *Brot*

MIT GERÄUCHERTER FORELLE, DILL UND SAUERRAHM

Hmmm, ... dieses leckere Buchweizenbrot mit Forelle hält mit Sicherheit nicht lange – Versprochen!

Dutch Oven (Fassungsvolumen ca. 3 Liter)

ZUTATEN
(4 Portionen)

- 250 g Weizenvollkornmehl
- 250 g Buchweizenmehl
- 42 g Hefe (1 Würfel)
- 500 g Buttermilch
- Zucker
- 1 TL Salz
- 200 g Forelle (geräuchert)
- 1 EL Dill
- 150 g Sauerrahm
- 2 EL Pflanzenöl

ZUBEREITUNG

DER TEIG
Beide Mehlsorten in einer Schüssel miteinander mischen. In die Mitte eine Mulde drücken, die Hefe hineinbröckeln und mit ein wenig Buttermilch, einer Prise Zucker und etwas Mehl in der Mulde anrühren. Den Teig zugedeckt an einem warmen Ort 15 Minuten gehen lassen. Danach die restliche Buttermilch und das Salz dazugeben und alles mit dem gesamten Mehl zu einem weichen, glatten Teig verkneten. Bei Bedarf noch Mehl hinzufügen. Den Teig zugedeckt an einem warmen Ort 1 Stunde gehen lassen.

DIE FÜLLUNG
Die geräucherte Forelle in Würfel schneiden. Den Dill waschen, klein schneiden und beides mit dem Sauerrahm vermischen.

DAS BROT
Den Teig auf einer leicht bemehlten Fläche nochmals gut durchkneten und zu vier gleich großen Kugeln formen. In die Kugeln jeweils eine Mulde drücken und die Forellen-Sauerrahm-Füllung hineingeben. Danach den Teig gut um die Füllung verschließen und die Brote mit Mehl bestreuen. Den Dutch Oven von innen mit dem Pflanzenöl einölen, die Kugeln hineinlegen und nochmals 15 Minuten gehen lassen.

Anschließend den Dutch Oven mit geschlossenem Deckel in die Glut stellen und 2/3 der heißen Briketts oder Kohlen darauf verteilen. Das restliche Drittel unter dem Topf platzieren und die Brote etwa 25–30 Minuten backen.

TIPP
Die Buchweizenbrötchen lassen sich auch gut mit geräuchertem Lachs füllen.

BACKEN DUNKELBIERBROT

DUNKELBIER *Brot*
GEFÜLLT MIT PREISELBEEREN UND RACLETTEKÄSE

Dieses außergewöhnliche Brot hat es in sich! Die Füllung aus cremigem Käse und fruchtigen Preiselbeeren ergänzt das Dunkelbierbrot perfekt.

Dutch Oven (Fassungsvolumen ca. 3 Liter)

ZUTATEN
(4 Portionen)

10 g Hefe
200 ml dunkles Weizenbier
1 EL Zucker
500 g Dinkelmehl
1 TL Salz
½ TL Cayennepfeffer
Kümmel (ganz)
60 ml Olivenöl
150 g Raclettekäse
3 TL Preiselbeeren
grob gemahlener schwarzer Pfeffer
2 EL Pflanzenöl

ZUBEREITUNG

FÜR DEN TEIG
Die Hefe mit dem Bier und dem Zucker verrühren und 10 Minuten ruhen lassen. Mehl, Salz, Cayennepfeffer, ½ TL Kümmel und Olivenöl beimischen. Die Masse zu einem Teig verkneten und ihn 1 Stunde ruhen lassen.

FÜR DIE FÜLLUNG
Den Raclettekäse klein schneiden und mit den Preiselbeeren und einer Prise schwarzem Pfeffer vermengen.

DAS BROT
Aus dem Teig kleine Kugeln formen, eine Mulde in die Mitte drücken und diese mit der Käsemasse füllen. Beim Verschließen aufpassen, dass die Käsefüllung komplett vom Teig umschlossen ist. Den Dutch Oven mit dem Pflanzenöl einfetten, die Brotkugeln hineinlegen, diese mit etwas Wasser bepinseln, nach Belieben mit Kümmel bestreuen und nochmals 15 Minuten gehen lassen.

Den Dutch Oven mit dem Deckel verschließen und ⅔ der heißen Briketts oder Kohlen darauf verteilen. Das letzte Drittel unter dem Topf platzieren und die kleinen Brote etwa 25–30 Minuten backen.

TIPP
Zu den kleinen Broten Feldsalat mit einem Zwiebeldressing servieren.

BACKEN KARTOFFELKUGELN

Kartoffel KUGELN

MIT SONNENBLUMENKERNEN, PETERSILIE, PARMESAN UND SPECK

Wie das duftet ... und schmeckt.
Für diese kleinen Kartoffelkugeln ist immer Platz!

Dutch Oven (Fassungsvolumen ca. 1 Liter)

ZUTATEN
(4 Portionen)

1 kg Kartoffeln (mehligkochend)
2 Knoblauchzehen
5 EL frische Petersilie
300 g Sonnenblumenkerne
150 g Speck (am Stück)
100 g Parmesan (am Stück)
100 g Weizenmehl
1 TL Salz
geriebener Muskat
schwarzer Pfeffer
1 Ei (Größe M)
2 EL Pflanzenöl

ZUBEREITUNG

Die Kartoffeln weich kochen, pellen und heiß durch eine Kartoffelpresse drücken. Den Knoblauch schälen und fein hacken. Die Petersilie waschen und zerkleinern. Im nächsten Arbeitsschritt die Hälfte der Sonnenblumenkerne grob hacken. Anschließend den Speck in Würfel schneiden und den Parmesan reiben.

Die ausgekühlte Kartoffelmasse mit dem Mehl, Salz, jeweils einer Prise Muskat und Pfeffer, dem Ei, dem geriebenen Parmesan, dem Knoblauch, 4 EL der Petersilie, den gehackten Sonnenblumenkernen und dem Speck verkneten. Es soll ein formbarer, lockerer Teig entstehen. Je nach Bedarf eventuell noch etwas Mehl und Salz hinzugeben. Den Teig mit bemehlten Händen zu kleinen Kugeln formen und von allen Seiten in den restlichen Sonnenblumenkernen wenden.

Mit dem Pflanzenöl den Dutch Oven ausstreichen und die Kartoffelkugeln hineingeben. Den Dutch Oven mit dem Deckel verschließen und ⅔ der heißen Briketts oder Kohlen auf diesem verteilen. Das restliche Drittel unter dem Topf platzieren und die Kartoffelkugeln etwa 25–30 Minuten backen. Vor dem Servieren mit der restlichen Petersilie bestreuen.

TIPP

Die Kartoffelkugeln mit gewürztem Sauerrahm servieren.

BACKEN SESAMBROT

sesambrot
GEFÜLLT MIT LAUCH, HONIG UND BERGKÄSE

Süß und Herzhaft:
Honig und Bergkäse verhelfen dem Sesambrot zu Perfektion!

Dutch Oven (Fassungsvolumen ca. 2–3 Liter)

ZUTATEN
(4 Portionen)

DAS SESAMBROT

500 g Weizenmehl
1 Päckchen Trockenhefe
2 EL Sesam
1 TL Salz
1 TL Zucker
100 ml Olivenöl
½ Stange Lauch
200 g Bergkäse
1 EL Honig
schwarzer Pfeffer
2 EL Olivenöl
2 TL schwarzer Sesam

ZUBEREITUNG

DER TEIG
Das Mehl mit der Trockenhefe, 1 EL Sesam, dem Salz und dem Zucker vermengen. Das Olivenöl und 250 ml lauwarmes Wasser langsam unter den Teig mischen. Danach den Teig so lange kneten, bis er sich vom Schüsselrand löst und anschließend 45 Minuten gehen lassen.

DIE FÜLLUNG
Den Lauch waschen, in dünne Ringe schneiden und den Bergkäse würfeln. Lauch und Käse mit dem Honig und einer Prise Pfeffer vermischen.

DAS BROT
Den Teig auf einer leicht bemehlten Fläche nochmals gut durchkneten und zu einer Kugel formen. In die Kugel eine Mulde drücken und die Käse-Lauch-Füllung in die Mulde geben. Anschließend den Teig um die Füllung gut verschließen.

Den Dutch Oven von innen mit dem Olivenöl einölen. Die Teigkugel in den Topf legen, mit Olivenöl einpinseln und mit dem restlichen Sesam bestreuen. Den Teig im Topf nochmals 15 Minuten gehen lassen. Anschließend den Dutch Oven mit dem Deckel verschließen und ⅔ der heißen Briketts oder Kohlen darauf verteilen. Das restliche Drittel unter dem Topf verteilen und das Brot etwa 25 Minuten backen.

> **TIPP**
> *Hefeteig geht am besten auf, wenn er es dunkel und warm hat.*

WAFFELN

AUS DER GLUT

WAFFELN AUS DER GLUT DINKEL-ZWIEBELWAFFELN

DINKEL-ZWIEBEL *Waffeln*

*Die Waffel mal herzhaft – unschlagbar gut!
Röstzwiebeln sorgen für herrlichen Crunch.*

Gusseisernes Waffeleisen

ZUTATEN
(4 Portionen)

300 ml Milch
200 g Dinkelmehl
1 TL Backpulver
1 TL Salz
Zucker
schwarzer Pfeffer
4 Eier (Größe M)
9 EL Pflanzenöl
100 g Röstzwiebeln
50 g Bergkäse (am Stück)

ZUBEREITUNG

Die Milch lauwarm erhitzen. Das Dinkelmehl mit dem Backpulver, dem Salz, einer Prise Zucker und einer Prise Pfeffer in einer Rührschüssel vermischen. Anschließend Milch, Eier, 8 EL Pflanzenöl und Röstzwiebeln hinzugeben und alle Zutaten zu einem geschmeidigen Teig verrühren. Den Bergkäse grob reiben und unter den Teig heben.

Das Waffeleisen mit dem restlichen Öl einreiben und in der heißen Glut erhitzen. Einen Schöpflöffel des Teiges in das Waffeleisen geben, dieses gut verschließen und in die heiße Glut legen oder halten.

Die Waffel nach etwa 2 Minuten drehen und von beiden Seiten goldgelb und knusprig backen.

TIPP

Die Dinkelwaffeln mit Sour Cream, Röstzwiebeln, Wildkräutern oder Salat servieren.

WAFFELN AUS DER GLUT TOMATENWAFFELN

TOMATEN *Waffeln*
MIT FENCHEL UND SCHAFSKÄSE

Fenchel zum Angeben: Zusammen mit dem Schafskäse machen diese Tomatenwaffeln richtig was her!

Gusseisernes Waffeleisen

ZUTATEN
(4 Portionen)

300 ml Milch
1 kleine Knoblauchzehe
80 g Fenchel
200 g Dinkelmehl
1 TL Backpulver
1 TL Salz
Zucker
schwarzer Pfeffer
1 EL Tomatenmark
4 Eier (Größe M)
9 EL Olivenöl
80 g Schafskäse

ZUBEREITUNG

DIE WAFFEL
Die Milch lauwarm erhitzen. Währenddessen die Knoblauchzehe schälen und fein hacken, den Fenchel waschen und in feine Würfel schneiden.

Das Dinkelmehl mit dem Backpulver, dem Salz, einer Prise Zucker und einer Prise Pfeffer in einer Rührschüssel vermischen. Das Tomatenmark, den Knoblauch, die Milch, den Fenchel, die Eier und 8 EL Olivenöl hinzugeben. Den Schafskäse in den Teig zerbröckeln und anschließend alle Zutaten zu einer geschmeidigen Teigmasse verrühren.

Das Waffeleisen mit dem restlichen Öl einreiben und in der heißen Glut erhitzen. Einen Schöpflöffel des Teiges in das Waffeleisen geben, dieses gut verschließen und in die heiße Glut legen oder halten.

Die Waffel nach etwa 2 Minuten drehen und von beiden Seiten goldgelb und knusprig backen.

TIPP
Die Waffel mit einem frischen Salat aus Tomaten, Fenchel und Frühlingszwiebeln servieren.

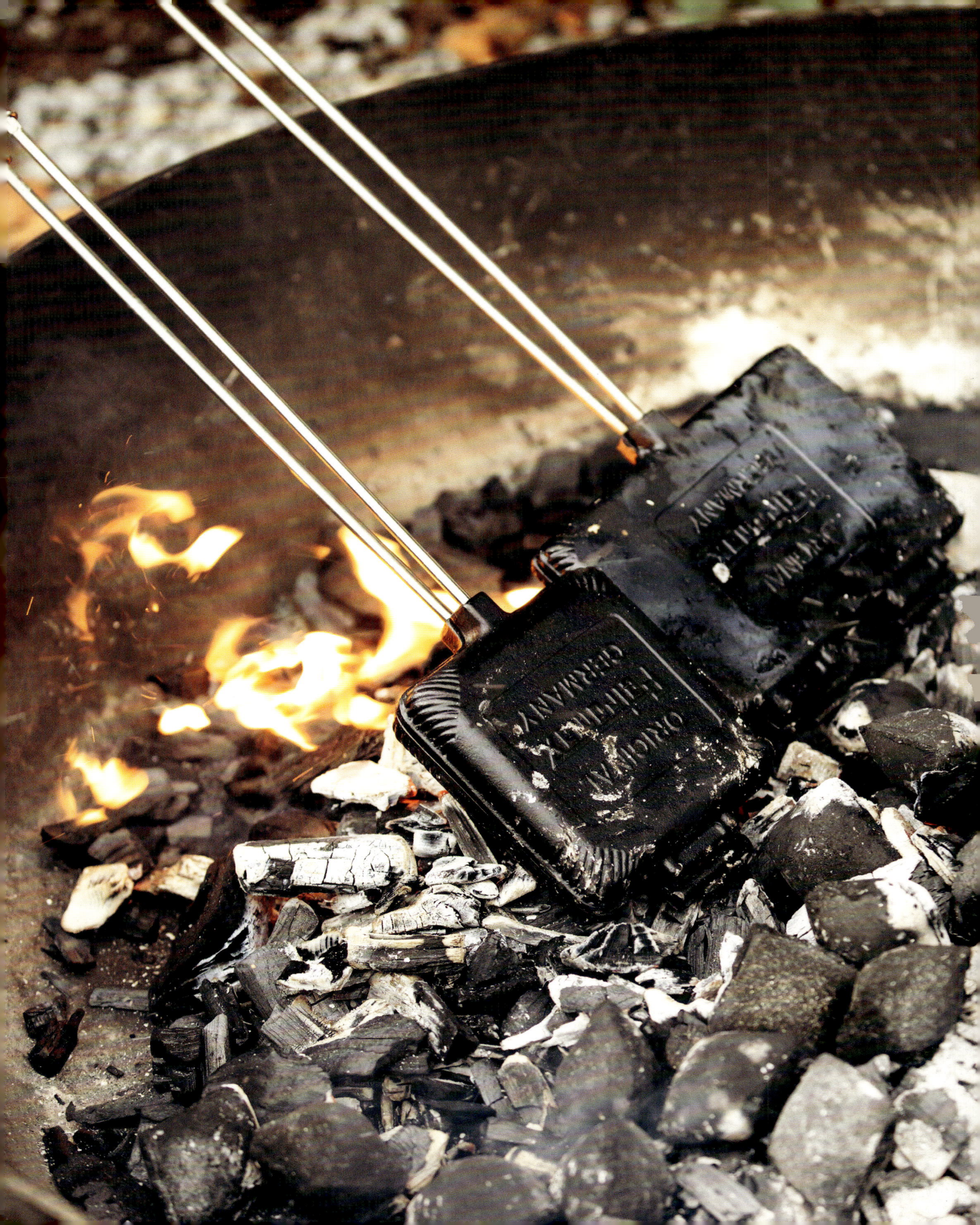

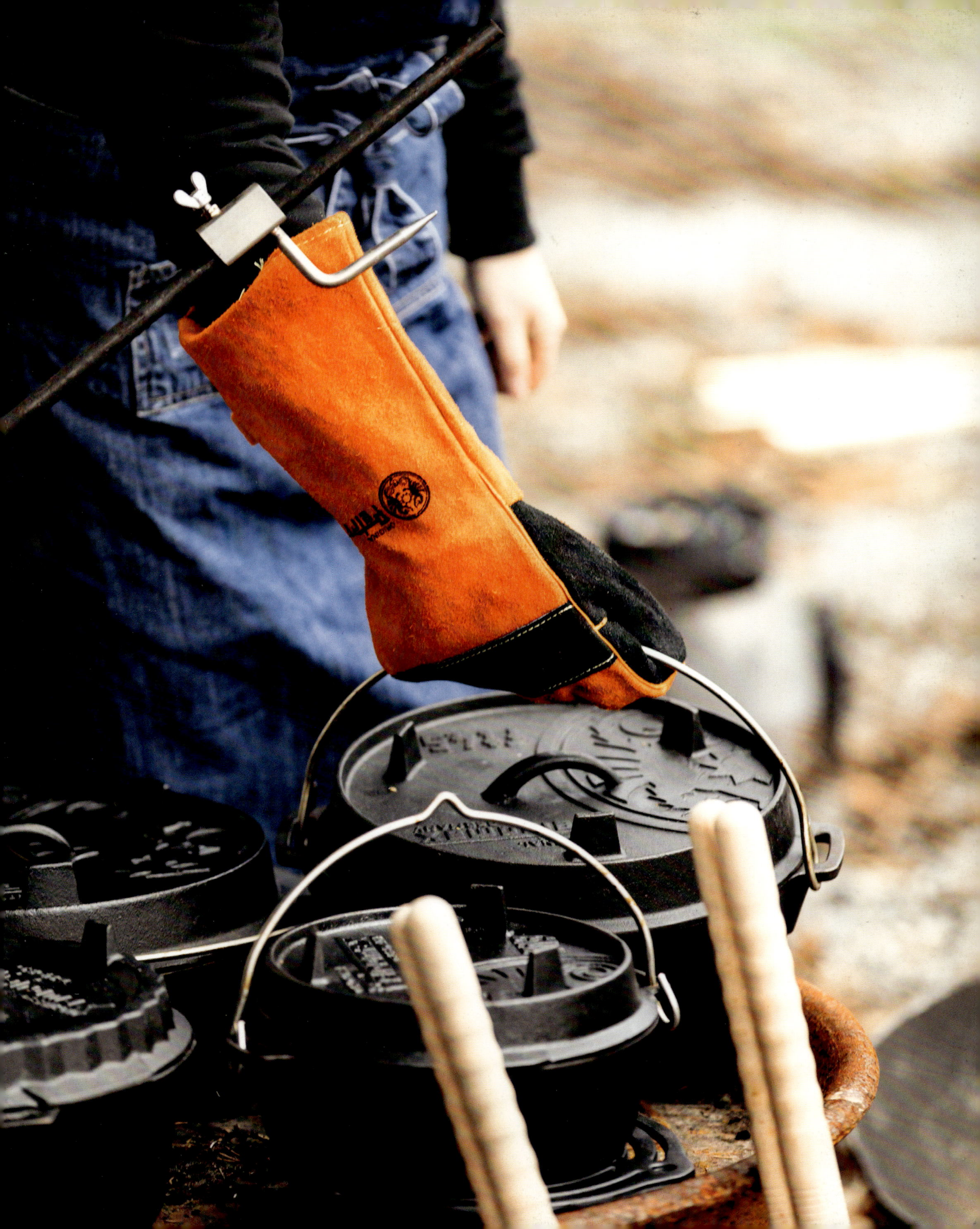

WAFFELN AUS DER GLUT WEIZENBIERWAFFELN

WEIZENBIER *Waffeln*
MIT MAJORAN UND SPECK

Speck und Majoran sorgen bei dieser Weizenbierwaffel für das gewisse Extra. Sehr zu empfehlen!

Gusseisernes Waffeleisen

ZUTATEN
(4 Portionen)

200 g Weizenmehl
1 TL Backpulver
1 TL Salz
1 TL getrockneter Majoran
Zucker
schwarzer Pfeffer
250 ml Weizenbier
4 Eier (Größe M)
9 EL Pflanzenöl
80 g Speck, gewürfelt

ZUBEREITUNG

DIE WAFFEL

Das Weizenmehl mit dem Backpulver, dem Salz, dem getrockneten Majoran, einer Prise Zucker und einer Prise Pfeffer in einer Rührschüssel vermischen. Das Weizenbier, die Eier, 8 EL Pflanzenöl und den gewürfelten Speck hinzugeben und alle Zutaten zu einem geschmeidigen Teig verrühren.

Das Waffeleisen mit dem restlichen Öl einreiben und in der heißen Glut erhitzen. Einen Schöpflöffel des Teiges in das Waffeleisen geben, dieses gut verschließen und in die heiße Glut legen oder halten. Die Waffel nach etwa 2 Minuten drehen und von beiden Seiten goldgelb backen.

TIPP
Die Waffel mit angebratenen Frühlingszwiebeln und Speckwürfeln garnieren und Sauerrahm dazu reichen.

SANDWICHES
AUS DER GLUT

SANDWICHES AUS DER GLUT ROGGENBROT-SANDWICH

ROGGENBROT-sandwich

MIT GERÄUCHERTER ENTENBRUST, PFLAUMENMUS UND ZIEGENKÄSE

*Da weiß man gar nicht, worauf man sich mehr freuen soll ...
auf die saftige Entenbrust oder den cremigen Ziegenfrischkäse!*

Gusseisernes Sandwicheisen

ZUTATEN
(4 Portionen)

1 Stängel frischer Thymian
8 Scheiben Roggenbrot
100 g Pflaumenmus
150 g Ziegenfrischkäse
160 g Entenbrust, geräuchert
grob gemahlener schwarzer Pfeffer

ZUBEREITUNG

Den Thymian waschen und fein hacken. Alle Roggenbrotscheiben mit dem Pflaumenmus bestreichen und den Ziegenfrischkäse auf vier der Brotscheiben zerbröckeln. Die Entenbrust in dünne Scheiben schneiden und ebenfalls auf den vier Brotscheiben verteilen. Thymian und eine Prise schwarzen Pfeffer auf den Brotscheiben verteilen, nochmals Ziegenkäse darauf zerbröckeln und mit den restlichen vier Brotscheiben verschließen.

Das Sandwich in das Sandwicheisen legen und gut verschließen. Das Eisen in die Glut halten und nach etwa 3 Minuten umdrehen, sodass das Sandwich von beiden Seiten goldbraun ist.

SANDWICHES AUS DER GLUT TOAST MELBA

TOAST *Melba*

Ruckzuck und mit wenig Zutaten ist dieses geschmackliche Meisterwerk zubereitet ... einfach nur lecker.

Gusseisernes Sandwicheisen

ZUTATEN
(4 Portionen)

8 Scheiben Toastbrot
50 g weiche Butter
2 Pfirsiche
8 Scheiben Goudakäse
8 Scheiben Kochschinken
Salatblättchen (nach Belieben)

ZUBEREITUNG

Alle Toastscheiben von einer Seite mit Butter bestreichen. Die Pfirsiche waschen, halbieren und die Kerne entfernen. Alle Zutaten in folgender Reihenfolge auf vier der Toastscheiben schichten: Eine Scheibe Käse, eine Scheibe Schinken, eine Pfirsichhälfte, wieder eine Scheibe Schinken und eine Scheibe Käse. Nach Belieben noch feine Salatblättchen hinzufügen. Die vier belegten Toastscheiben mit den restlichen Scheiben verschließen.

Das Sandwich in das Sandwicheisen klemmen und gut verschließen. Das Eisen in die Glut legen und nach etwa 3 Minuten wenden, sodass das Sandwich von beiden Seiten goldbraun ist.

SANDWICHES AUS DER GLUT SANDWICH MIT THUNFISCH

sandwich
MIT THUNFISCH, AVOCADO UND MANGO-CHUTNEY

Zum Reinbeißen gut!
Der frische Thunfisch mit Mango und Avocado verführt zum Schlemmen.

Gusseisernes Sandwicheisen

ZUTATEN
(4 Portionen)

FÜR DAS CHUTNEY

1 reife Mango
1 Zwiebel
1 Knoblauchzehe
2 Chilischoten
1 Stängel Rosmarin
2 Stängel Thymian
1 EL Olivenöl
1 EL weißer Aceto Balsamico
1 EL Rum
1 EL Honig

FÜR DEN THUNFISCH

½ TL Korianderkörner
1 Stange Zitronengras
1 kleines Stück frischer Ingwer
1 Limette
1 Chilischote
1 Knoblauchzehe
100 ml Sojasoße
1 EL Sesamöl
400 g sehr frisches Thunfischfilet
  (Sushi-Qualität)

FÜR DAS SANDWICH

8 Scheiben Toastbrot
1 Avocado
4 Blätter Eisbergsalat

ZUBEREITUNG

DAS CHUTNEY
Die Mango entkernen, die Zwiebel und den Knoblauch schälen und alles in feine Würfel schneiden. Die Chilischoten, den Rosmarin und den Thymian fein hacken.

Den Dutch Oven in die Glut stellen, das Olivenöl hineingeben und Zwiebeln, Knoblauch und die Gewürze leicht anbraten. Die Mango-Würfel dazugeben und mit dem Essig und dem Rum ablöschen. Den Honig hinzufügen und alle Zutaten zu einem Chutney einkochen. Nach Belieben salzen.

DER THUNFISCH
Die Korianderkörner anrösten. Das Zitronengras fein hacken, den Ingwer und die Limette (mit Schale) in Scheiben schneiden. Die Chilischote und den Knoblauch halbieren. Die Sojasoße mit dem Sesamöl und den restlichen Zutaten verrühren. Den Thunfisch putzen und in der Sojamarinade 1 Stunde ziehen lassen.

Nach 1 Stunde den Thunfisch aus der Marinade nehmen, mit einem Küchentuch trocken tupfen und in Scheiben schneiden.

DAS SANDWICH
Vier Toastscheiben von einer Seite mit dem Chtuney bestreichen und die Thunfischstreifen auf ihnen verteilen. Die Avocado entkernen, schälen, in grobe Würfel schneiden und leicht salzen. Anschließend die Avocado auf den Thunfischscheiben verteilen, mit dem Eisbergsalat zudecken und nochmals mit einem Löffel Chutney bestreichen. Die belegten Seiten mit den restlichen Toastscheiben verschließen.

Das Sandwich in das Sandwicheisen klemmen und gut verschließen. Das Eisen in die Glut legen und nach etwa 2 Minuten drehen und den Toast von beiden Seiten goldgelb bräunen.

SÜSS

SÜSS SÜSSE HEFEBRÖTCHEN

SÜSSE Hefebrötchen

MIT HASELNÜSSEN, ROSINEN, SCHOKOLADENSTÜCKCHEN UND RUM

Diese Hefebrötchen haben es in sich: Haselnüsse, Rosinen und Schokoladenstückchen tanzen einen Reigen!

Dutch Oven (Fassungsvolumen ca. 3 Liter)

ZUTATEN
(4 Portionen)

42 g Hefe (1 Würfel)
115 g Zucker
245 ml Milch
6 EL Rum
150 g Rosinen
70 g Zartbitterschokolade
75 g Butter
650 g Weizenmehl
Salz
100 g Haselnusskerne, gehackt
1 Ei (Größe M)
Butter

ZUBEREITUNG

Die Hefe mit einem Esslöffel Zucker (15 g) und 100 ml Milch verrühren und zugedeckt 15 Minuten ruhen lassen. Den Rum über die Rosinen geben und ebenfalls 15 Minuten ziehen lassen. Die Schokolade grob hacken und währenddessen die Butter zerlassen. Das Mehl mit dem Hefeansatz und den übrigen 100 ml Milch verrühren. Die zerlassene Butter, die Rosinen, die Schokolade, den restlichen Zucker, eine Prise Salz, die Haselnüsse und das Ei unter den Teig kneten, bis sich der Teig vom Schüsselrand löst. Falls der Teig zu sehr klebt, nach Bedarf Mehl hinzufügen. Den Teig 1 Stunde und 30 Minuten an einem warmen und dunklen Ort ruhen lassen. Währenddessen den Dutch Oven mit Butter ausstreichen.

Nach der Ruhezeit den Teig nochmals kräftig auf einer leicht bemehlten Arbeitsfläche durchkneten und kleine Brötchen-Kugeln aus ihm formen. Alternativ kann der Teig auch in zwei Teile geteilt werden. Diese Teile anschließend zu zwei Rollen formen und spiralförmig umeinander schlingen, um eine zopfähnliche Form zu erhalten. Den geformten Teig in den Dutch Oven legen, mit 45 ml Milch bestreichen und nochmals 30 Minuten gehen lassen.

Den Dutch Oven mit dem Deckel verschließen und mit $2/3$ der heißen Briketts oder Kohlen bedecken. Das restliche Drittel unter dem Topf verteilen und den Teig etwa 25–30 Minuten backen.

TIPP

Die lauwarmen Teilchen mit Butter und Marmelade servieren.

136

SÜSS   QUARKAUFLAUF

QUARK *auflauf*
MIT HIMBEEREN

Da wird jeder schwach!
Der Quarkauflauf mit Himbeeren ist nicht nur ein Augenschmaus.

Dutch Oven (Fassungsvolumen ca. 3 Liter)

ZUTATEN
(4 Portionen)

150 g Strudelteigblätter
   (Filo- oder Yufka-Teig)
½ Bio-Zitrone
2 Eier (Größe M)
500 g Schichtkäse
75 g Zucker
25 g Hartweizengrieß
1 EL Speisestärke
1 Fläschchen Mandelbackaroma
200 g Sahne
Salz
2 EL Butter
125 g Himbeeren
50 g Mandelblättchen
5 EL Himbeermarmelade

ZUBEREITUNG

Die Teigblätter bei Raumtemperatur etwa 10 Minuten ruhen lassen. Die halbe Zitrone auspressen und die Schale abreiben. Die Eier trennen und das Eiweiß kalt stellen. Den Schichtkäse, die Eigelbe, 50 g Zucker, Grieß, Stärke, Mandelaroma, Sahne, eine Prise Salz, Zitronensaft und Zitronenschale miteinander verrühren. Das Eiweiß mit dem restlichen Zucker steif schlagen und den Eischnee unter die Quarkmasse heben.

Die Butter in einem Topf schmelzen. Etwas von der flüssigen Butter in dem Dutch Oven verteilen, zwei der Teigblätter hineinlegen und einen Teil von der Quarkmasse und den frischen, gewaschenen Himbeeren darauf verteilen. Auf die Quarkmasse wieder zwei Teigblätter legen, darauf wieder Quarkmasse und Himbeeren verteilen. Das ganze so lange wiederholen, bis die Quarkmasse und die Teigblätter aufgebraucht sind. Die letzte Schicht sollte aus Teigblättern bestehen. Auf der letzten Teigplatte die restliche Butter und die Himbeermarmelade verteilen und die Mandelblättchen darüber streuen.

Den Dutch Oven mit seinem Deckel verschließen und ⅔ der heißen Briketts oder Kohlen auf dem Deckel verteilen. Das restliche Drittel unter dem Topf platzieren und den Auflauf etwa 25 Minuten backen.

TIPP
Vanillesoße zu dem Auflauf servieren.

SÜSS OFENSCHLUPFER

OFEN schlupfer
MIT ÄPFELN UND ROSINEN

Der verführerische Ofenschlupfer lässt Äpfel, Rosinen und Mandeln zu einem echten Geschmackswunder verschmelzen.

Dutch Oven (Fassungsvolumen ca. 2 Liter)

ZUTATEN
(4 Portionen)

200 ml Milch
200 g Sahne
60 g Butter
100 g Zucker
Salz
½ TL Zimt
100 g Äpfel
500 g Toastbrot
25 g Rosinen
7 Eier (Größe M)
25 g Mandelblättchen
Puderzucker (nach Belieben)

ZUBEREITUNG

Die Milch mit der Sahne, 50 g Butter, dem Zucker, einer Prise Salz und dem Zimt erwärmen (nicht kochen) und bei Bedarf nachsüßen.

Die Äpfel schälen, das Kerngehäuse entfernen und in grobe Stücke schneiden. Das Toastbrot grob würfeln und anschließend mit den Äpfeln und den Rosinen vermischen. Den Dutch Oven mit der restlichen Butter ausstreichen und die Toastbrotmasse hineinfüllen. Die Eier in das Milch-Sahnegemisch rühren und über der Toastbrotmasse verteilen. Zum Schluss den Ofenschlupfer mit den Mandelblättchen bestreuen.

Den Dutch Oven mit dem Deckel verschließen und ⅔ der heißen Briketts oder heißen Kohlen auf ihm verteilen. Das restliche Drittel unter dem Topf platzieren und den Ofenschlupfer etwa 20 Minuten backen.

Vor dem Servieren nach Bedarf mit Puderzucker bestäuben.

TIPP
Im Sommer die Äpfel im Ofenschlupfer durch Kirschen ersetzen und mit Vanillesoße servieren.

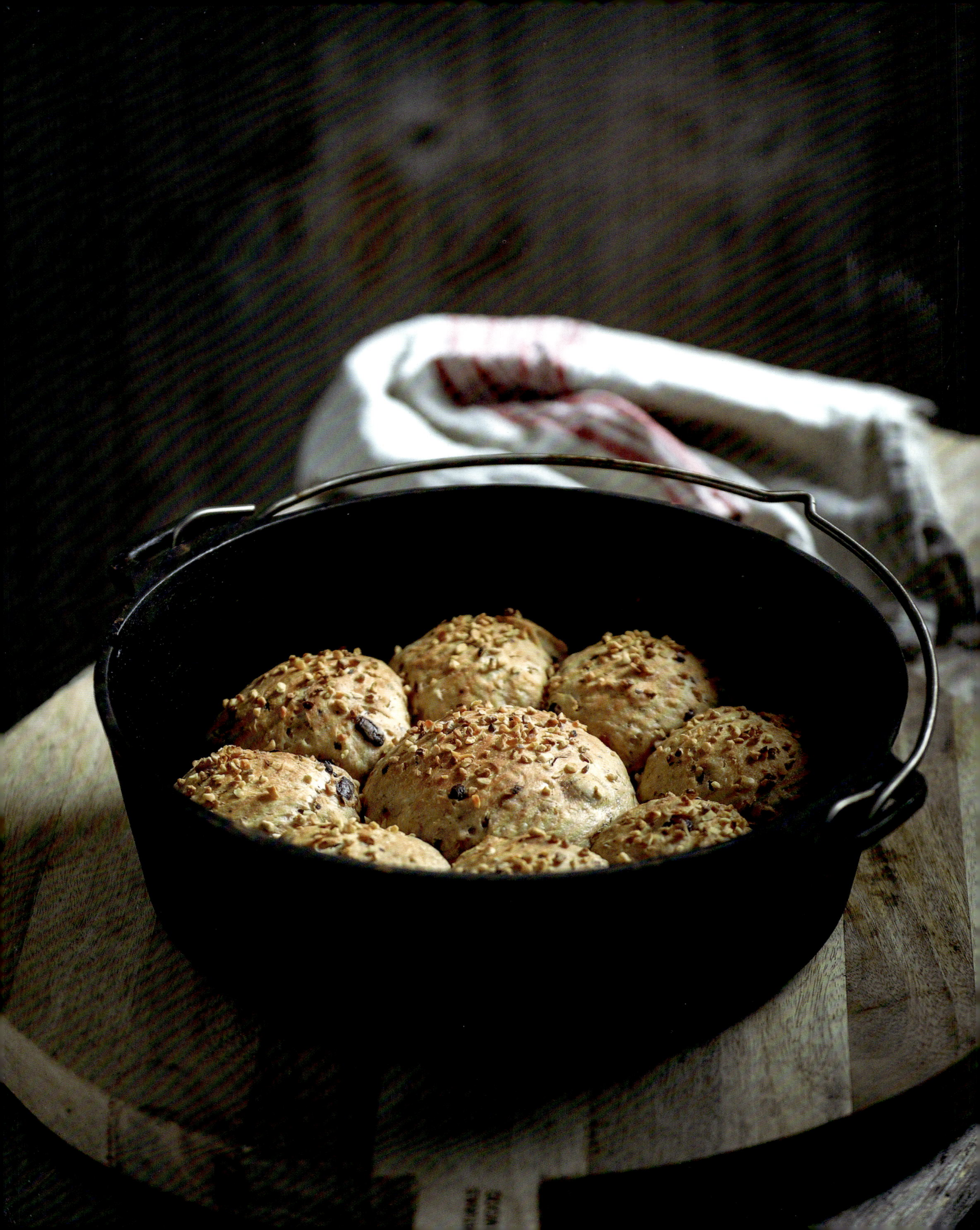

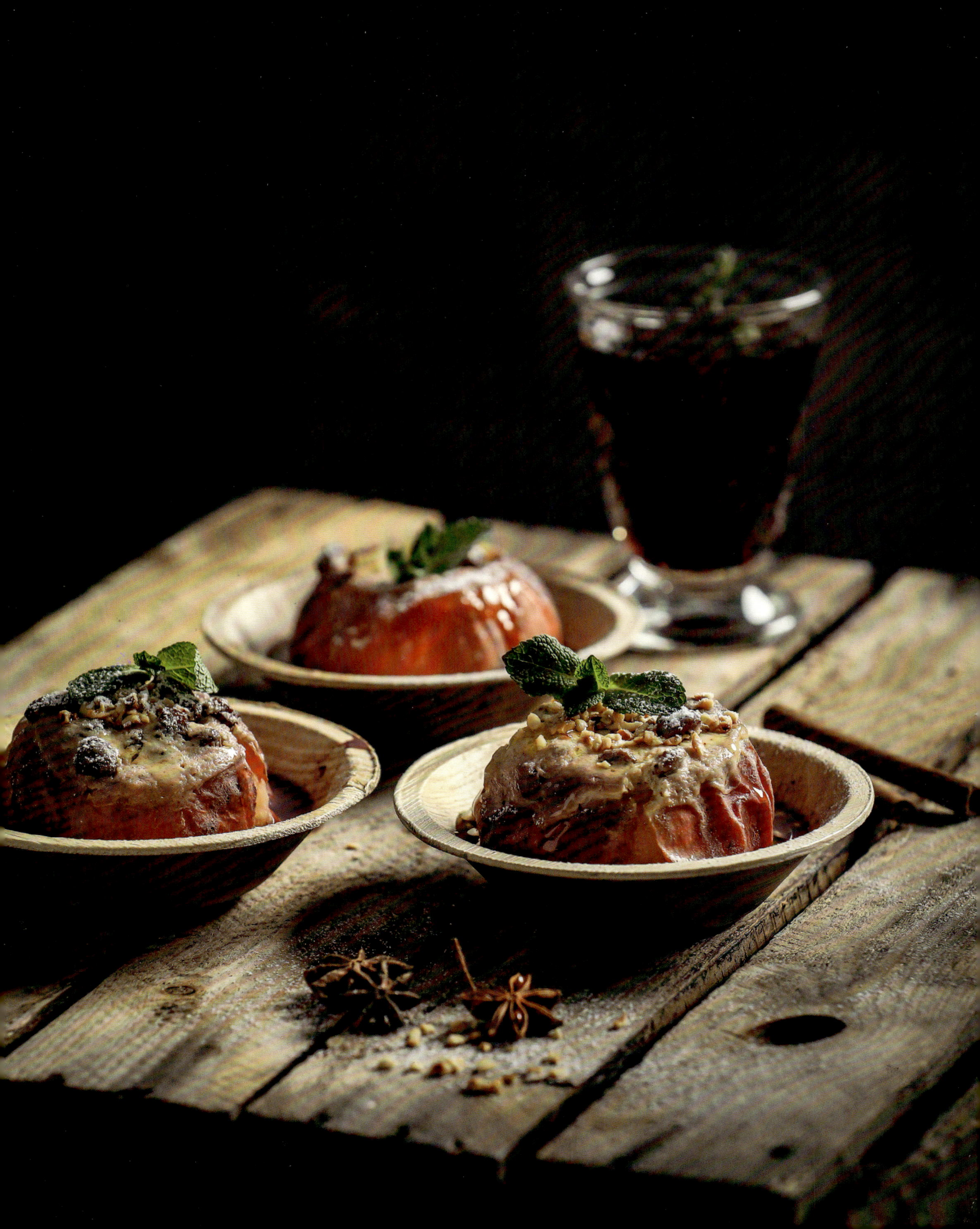

SÜSS MANGO-CRUMBLE

MANGO-Crumble
MIT SCHOKOLADENSTREUSELN

Auch Crumble aus dem Feuer ist kein Problem. Mit geschlossenem Deckel und indirekter Hitze wird dieser Mango-Traum einfach perfekt!

Dutch Oven (Fassungsvolumen ca. 2 Liter)

ZUTATEN
(4 Portionen)

- 250 g Dinkelmehl
- 125 g weiche Butter
- 140 g brauner Zucker
- 1 EL Backkakao
- 1 Eigelb
- 3 reife Mangos
- 50 ml weißer Portwein
- Blaubeeren (nach Belieben)

ZUBEREITUNG

Das Dinkelmehl mit der weichen Butter, 125 g braunem Zucker, dem Kakaopulver und dem Eigelb zu einem Crumble-Teig verkneten. Die Mangos schälen, vom Kern befreien, grob würfeln und mit dem restlichen braunen Zucker bestreuen.

Die Mangos in den Dutch Oven schichten und mit dem Portwein übergießen. Anschließend den Crumble-Teig darüberstreuen.

Den Dutch Oven mit dem Deckel verschließen und 2/3 der heißen Briketts oder Kohlen auf diesem verteilen. Das restliche Drittel unter dem Topf platzieren und den Crumble etwa 20 Minuten backen. Zum Servieren nach Belieben mit Blaubeeren garnieren.

TIPP
Der Crumble gelingt auch sehr gut mit anderen Früchten, beispielsweise Birnen, Rhabarber oder Äpfeln.

SÜSS GUGELHUPF

Gugelhupf

MIT ROSINEN, RUM UND PFIRSICHEN

Dieser Klassiker mit Rosinen und Rum backt im Dutch Oven fast wie von selbst und wird dabei wunderbar saftig!

Gusseiserne Gugelhupfform | Dutch Oven (Fassungsvolumen ca. 1 Liter)

ZUTATEN
(4 Portionen)

DER GUGELHUPF
215 g Butter
200 g Sahne
1 Orange
500 g Weizenmehl
1 Päckchen Trockenhefe
130 g Zucker
Salz
3 Eier (Größe M)
75 g Mandeln, gemahlen
150 g Rosinen
2 EL Rum
Zimt
Puderzucker (nach Belieben)

FÜR DIE PFIRSICHE
400 g Pfirsiche
1 EL Zucker
½ Vanilleschote
1 Stängel Thymian
1 Sternanis
4 EL Rum

ZUBEREITUNG

DER GUGELHUPF
200 g Butter in einem Topf zerlassen und parallel die Sahne erhitzen, bis sie lauwarm ist. Die Schale der Orange abreiben und eine Hälfte auspressen. Für den Teig das Mehl in einer Rührschüssel mit der Trockenhefe vermischen. Zucker, eine Prise Salz, Eier, die lauwarme Sahne und die zerlassene Butter unterrühren. Mandeln, Rosinen, Rum, eine Prise Zimt, den Orangenabrieb und den Orangensaft hinzufügen und alles zu einem glatten Teig verarbeiten.

Den Teig an einem warmen Ort etwa 40 Minuten gehen lassen und nach der Ruhezeit nochmals kräftig durchkneten. Die Gugelhupfform mit der Butter einfetten und den Teig hineinfüllen. Den Teig erneut 40 Minuten gehen lassen.

Die Gugelhupfform mit dem Deckel verschließen und ⅔ der heißen Kohlen darauf verteilen. Das restliche Drittel unter der Form platzieren und den Gugelhupf etwa 40 Minuten backen.

DIE PFIRSICHE
Die Pfirsiche waschen, vom Kern befreien und in Viertel schneiden. Den Dutch Oven in die heiße Glut stellen und den Zucker unter Rühren karamellisieren lassen. Die Vanilleschote auskratzen und zusammen mit den Pfirsichspalten, dem Thymian und dem Sternanis in den Topf geben. Anschließend mit Rum ablöschen und die Pfirsiche karamellisieren lassen.

Den Gugelhupf nach Belieben mit Puderzucker bestreuen und zusammen mit den Pfirsichen servieren.

SÜSS BRATAPFEL

Bratapfel
MIT QUARK-ROSINEN-FÜLLUNG

Ein Klassiker – diesmal aus dem Dutch Oven.
Essen Kinder mit, den Alkohol einfach durch Apfelsaft ersetzen.

Dutch Oven (Fassungsvolumen ca. 2 Liter)

ZUTATEN
(4 Portionen)

¼ Orange
4 Äpfel
250 g Quark (40 % Fett)
50 g Zucker
100 g Rosinen
2 EL Amaretto
1 Ei (Größe M)
Zimt
500 ml Glühwein

Sonstiges:
Apfelausstecher

ZUBEREITUNG

Die Schale der ¼ Orange abreiben. Die Äpfel waschen und das Kerngehäuse mit dem Apfelausstecher großzügig ausstechen. Dabei darauf achten, dass man die Äpfel nicht ganz durchsticht, ansonsten rutscht die Füllung später heraus. Den Quark mit dem Zucker, den Rosinen, dem Amaretto, dem Ei, einer Prise Zimt und dem Orangenabrieb verrühren. Anschließend die Äpfel mit der Quarkmasse füllen.

Den Glühwein in den Dutch Oven füllen und die Äpfel hineinsetzen.

Den Dutch Oven mit dem Deckel verschließen und ⅔ der heißen Briketts oder Kohlen auf diesem verteilen. Das restliche Drittel unter dem Topf verteilen und die Bratäpfel etwa 30 Minuten backen.

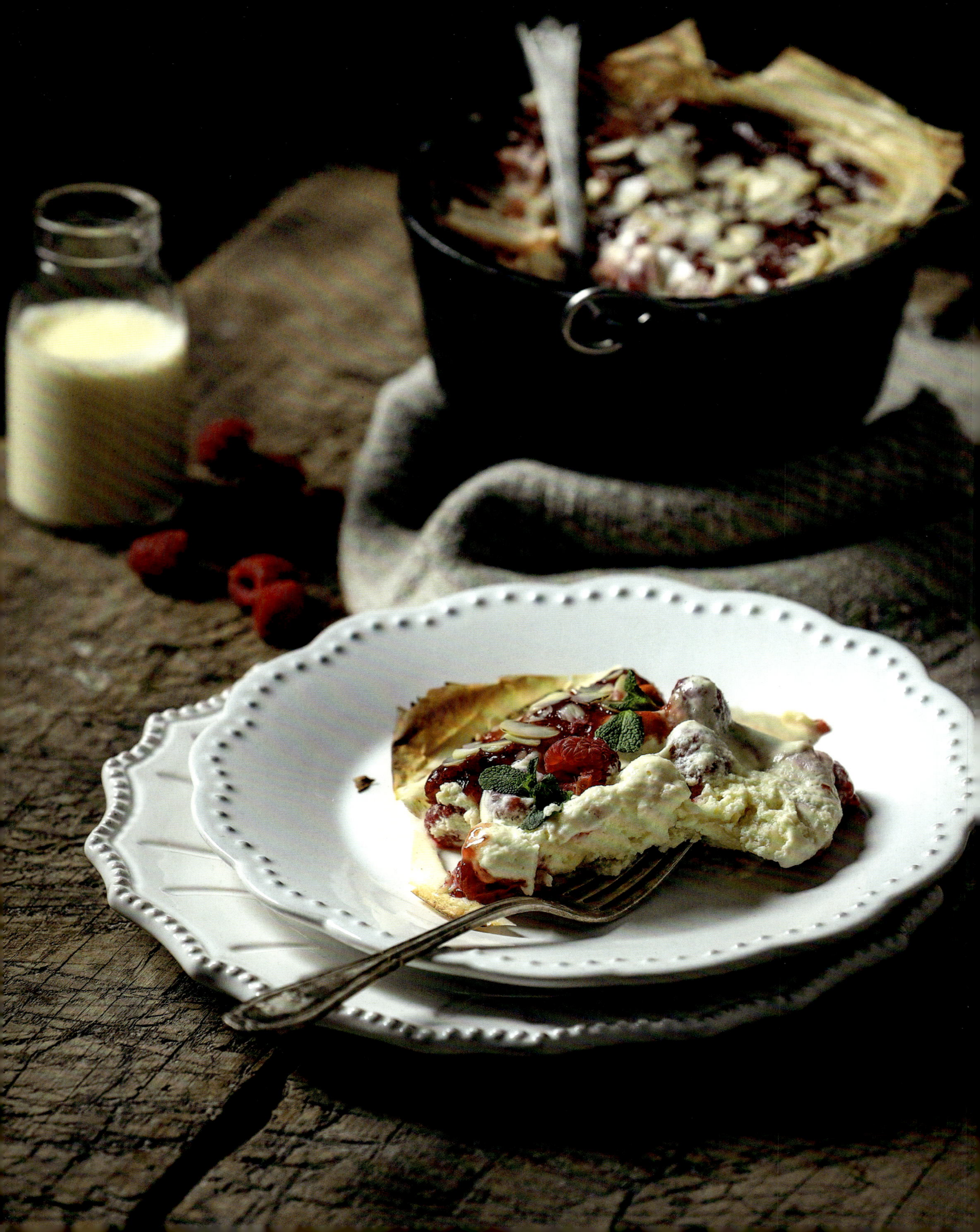

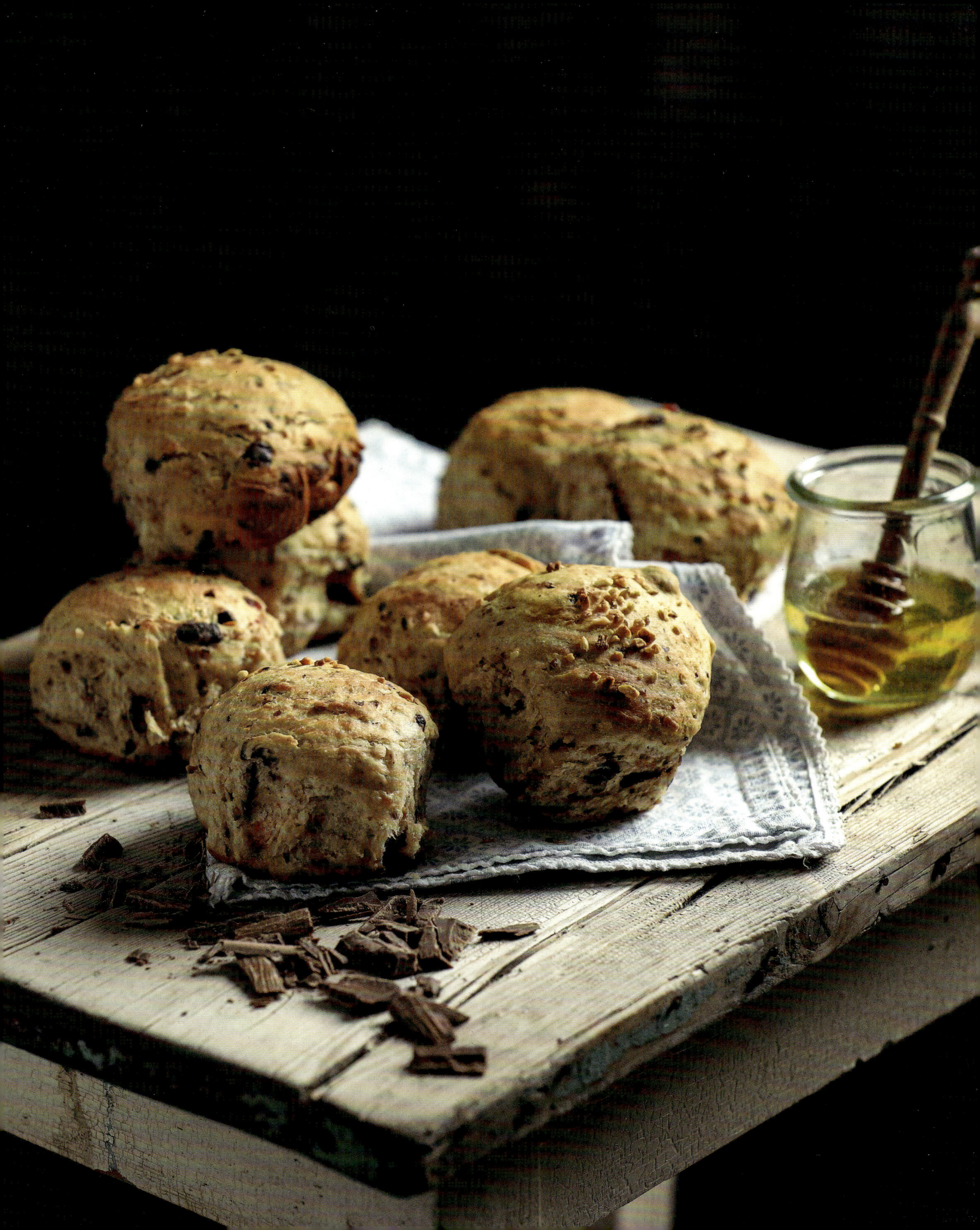

REGISTER

A

Aceto Balsamico
  Sandwich mit Thunfisch, Avocado und Mango-Chutney 131
Amaretto
  Bratapfel mit Quark-Rosinen-Füllung 147
Äpfel
  Blut- und Leberwurst mit Apfel-Sauerkraut 45
  Bratapfel mit Quark-Rosinen-Füllung 147
  Gefüllte Ente mit Maronen und Rotkohl 55
  Ofenschlupfer mit Äpfeln und Rosinen 139
Apfelsaft
  Blut- und Leberwurst mit Apfel-Sauerkraut 45
  Gefüllte Ente mit Maronen und Rotkohl 55
Auberginen
  Mediterrane Doraden 75
Avocado
  Sandwich mit Thunfisch, Avocado und Mango-Chutney 131

B

Backpulver
  Dinkel-Zwiebelwaffeln 117
  Fischsuppe mit Lachsbrot und Cremolata 37
  Tomatenwaffeln mit Fenchel und Schafskäse 119
  Weizenbierwaffeln mit Majoran und Speck 123
Barbecuesoße
  Hash Browns mit Mais, Peperoni und Cheddarkäse 101
  Kohlrabi-Hackfleischball 65
Basilikum
  Lachslasagne mit Ziegenfrischkäse und Spinat 83
  Mediterrane Doraden 75
  Muscheleintopf mit Chorizo 33
  Tintenfische in Weißweinsugo mit Knoblauch, Basilikum und Kirschtomaten 79
Belugalinsen
  Schwäbischer Linseneintopf mit Speck und Würstchen 41
Bergkäse
  Dinkel-Zwiebelwaffeln 117
  Sesambrot gefüllt mit Lauch, Honig und Bergkäse 113
  Kartoffelgratin mit Speck und Thymian 61
Blut- und Leberwurst mit Apfel-Sauerkraut 45
Bohnen
  Gemüseeintopf mit Wirsing, Tomaten und Bohnen 25
  Grüne Bohnen mit Schwarzkümmel und Tomaten 99
Börek mit Joghurt und Schafskäse 95
Bratapfel mit Quark-Rosinen-Füllung 147
Brathähnchen mit Kartoffelgemüse 47
Brot
  Buchweizenbrot mit geräucherter Forelle, Dill und Sauerrahm 107
  Dunkelbierbrot gefüllt mit Preiselbeeren und Raclettekäse 109
  Sesambrot gefüllt mit Lauch, Honig und Bergkäse 113
  Süße Hefebrötchen mit Haselnüssen, Rosinen, Schokoladenstückchen und Rum 135
  Buchweizenbrot mit geräucherter Forelle, Dill und Sauerrahm 107
Butter
  Gugelhupf mit Rosinen, Rum und Pfirsichen 145
  Hash Browns mit Mais, Peperoni und Cheddarkäse 101
  Kalbsfrikadellen in Kapernsoße 51
  Lachslasagne mit Ziegenfrischkäse und Spinat 83
  Mango-Crumble mit Schokoladenstreuseln 143
  Ofenschlupfer mit Äpfeln und Rosinen 139
  Quarkauflauf mit Himbeeren 137
  Sauerkrautsüppchen mit Winzersekt 39
  Süße Hefebrötchen mit Haselnüssen, Rosinen, Schokoladenstückchen und Rum 135
  Toast Melba 129
Buttermilch
  Buchweizenbrot mit geräucherter Forelle, Dill und Sauerrahm 107
  Fischsuppe mit Lachsbrot und Cremolata 37

C

Cannelloni mit Ricotta-Paprika-Füllung 97
Cheddar
  Hash Browns mit Mais, Peperoni und Cheddarkäse 101
Chilischoten
  Gefüllter Hokkaido-Kürbis mit Lammhackfleisch, Schafskäse und Curry 59
  Kartoffel-Tortilla mit Paprika und Chili 103
  Sandwich mit Thunfisch, Avocado und Mango-Chutney 131
Curry
  Fischcurry mit Rotbarsch 23
  Rotes Gemüse-Kokoscurry mit Räuchertofu 35
Currypulver
  Brathähnchen mit Kartoffelgemüse 47
  Gefüllter Hokkaido-Kürbis mit Lammhackfleisch, Schafskäse und Curry 59
  Lammhaxen mit Salzzitrone, Tomaten und Kartoffeln 63
  Maissuppe mit Rinderhackbällchen 31
  Runde Zucchini gefüllt mit Lachsfarce 87
  Tintenfischtuben gefüllt mit Hokkaido-Kürbis 91

D

Dessert
  Bratapfel mit Quark-Rosinen-Füllung 147
  Ofenschlupfer mit Äpfeln und Rosinen 139
  Quarkauflauf mit Himbeeren 137
Dill
  Buchweizenbrot mit geräucherter Forelle, Dill und Sauerrahm 107
  Fischsuppe mit Lachsbrot und Cremolata 37
Dinkelmehl
  Dinkel-Zwiebelwaffeln 117
  Dunkelbierbrot gefüllt mit Preiselbeeren und Raclettekäse 109
  Mango-Crumble mit Schokoladenstreuseln 143
  Tomatenwaffeln mit Fenchel und Schafskäse 119

Dinkel-Zwiebelwaffeln 117
Dunkelbierbrot gefüllt mit Preiselbeeren und Raclettekäse 109

E

Eier
Börek mit Joghurt und Schafskäse 95
Bratapfel mit Quark-Rosinen-Füllung 147
Dinkel-Zwiebelwaffeln 117
Fischsuppe mit Lachsbrot und Cremolata 37
Gefüllte Ente mit Maronen und Rotkohl 55
Gefüllte Zwiebeln mit Rinderhackfleisch in Rotwein 49
Gugelhupf mit Rosinen, Rum und Pfirsichen 145
Kalbsfrikadellen in Kapernsoße 51
Kartoffelkugeln mit Sonnenblumenkernen, Petersilie, Parmesan und Speck 111
Kartoffel-Tortilla mit Paprika und Chili 103
Kohlrabi-Hackfleischball 65
Maissuppe mit Rinderhackbällchen 31
Mango-Crumble mit Schokoladenstreuseln 143
Ofenschlupfer mit Äpfeln und Rosinen 139
Quarkauflauf mit Himbeeren 137
Süße Hefebrötchen mit Haselnüssen, Rosinen, Schokoladenstückchen und Rum 135
Tomatenwaffeln mit Fenchel und Schafskäse 119
Weizenbierwaffeln mit Majoran und Speck 123

Emmentaler
Fischsuppe mit Lachsbrot und Cremolata 37

Ente
Gefüllte Ente mit Maronen und Rotkohl 55
Roggenbrot-Sandwich mit geräucherter Entenbrust, Pflaumenmus und Ziegenkäse 127

F

Fenchel
Tomatenwaffeln mit Fenchel und Schafskäse 119

Fischcurry mit Rotbarsch 23
Fischsuppe mit Lachsbrot und Cremolata 37

Fisch und Meeresfrüchte
Lachslasagne mit Ziegenfrischkäse und Spinat 83
Mediterrane Doraden 75
Miesmuscheln in Weißweinsoße 85
Runde Zucchini gefüllt mit Lachsfarce 87
Sardinen in Tomatensoße 77
Tintenfische in Weißweinsugo mit Knoblauch, Basilikum und Kirschtomaten 79
Tintenfischtuben gefüllt mit Hokkaido-Kürbis 91

Fleisch
Blut- und Leberwurst mit Apfel-Sauerkraut 45
Brathähnchen mit Kartoffelgemüse 47
Gefüllte Ente mit Maronen und Rotkohl 55
Gefüllter Hokkaido-Kürbis mit Lammhackfleisch, Schafskäse und Curry 59
Gefüllte Zwiebeln mit Rinderhackfleisch in Rotwein 49
Geschmorte Rinderbeinscheiben 71
Kalbsfrikadellen in Kapernsoße 51
Kalbstafelspitz aus dem Wurzelsud mit Schmalzkartoffeln 57
Kohlrabi-Hackfleischball 65
Lammhaxen mit Salzzitrone, Tomaten und Kartoffeln 63
Rehkeule mit Kürbis-Maronen-Gemüse 67
Wildschweingulasch mit Pilzen 69

Forelle
Buchweizenbrot mit geräucherter Forelle, Dill und Sauerrahm 107

Frühlingszwiebeln
Hash Browns mit Mais, Peperoni und Cheddarkäse 101

G

Gefüllte Ente mit Maronen und Rotkohl 55
Gefüllter Hokkaido-Kürbis mit Lammhackfleisch, Schafskäse und Curry 59
Gefüllte Zwiebeln mit Rinderhackfleisch in Rotwein 49
Gemüseeintopf mit Wirsing, Tomaten und Bohnen 25
Geschmorte Rinderbeinscheiben 71

Gouda
Toast Melba 129

Grüne Bohnen mit Schwarzkümmel und Tomaten 99
Gugelhupf mit Rosinen, Rum und Pfirsichen 145

H

Hackfleisch
Gefüllter Hokkaido-Kürbis mit Lammhackfleisch, Schafskäse und Curry 59
Gefüllte Zwiebeln mit Rinderhackfleisch in Rotwein 49
Kalbsfrikadellen in Kapernsoße 51
Kohlrabi-Hackfleischball 65
Maissuppe mit Rinderhackbällchen 31

Hartweizengrieß
Quarkauflauf mit Himbeeren 137

Haselnusskerne
Süße Hefebrötchen mit Haselnüssen, Rosinen, Schokoladenstückchen und Rum 135

Hash Browns mit Mais, Peperoni und Cheddarkäse 101

Hefe
Buchweizenbrot mit geräucherter Forelle, Dill und Sauerrahm 107
Dunkelbierbrot gefüllt mit Preiselbeeren und Raclettekäse 109
Sesambrot gefüllt mit Lauch, Honig und Bergkäse 113
Gugelhupf mit Rosinen, Rum und Pfirsichen 145
Süße Hefebrötchen mit Haselnüssen, Rosinen, Schokoladenstückchen und Rum 135

Himbeeren
Quarkauflauf mit Himbeeren 137

Honig
Brathähnchen mit Kartoffelgemüse 47
Sesambrot gefüllt mit Lauch, Honig und Bergkäse 113
Gefüllte Ente mit Maronen und Rotkohl 55
Gefüllter Hokkaido-Kürbis mit Lammhackfleisch, Schafskäse und Curry 59
Sandwich mit Thunfisch, Avocado und Mango-Chutney 131

I

Ingwer
Rotes Gemüse-Kokoscurry mit Räuchertofu 35
Sandwich mit Thunfisch, Avocado und Mango-Chutney 131

J

Joghurt
Börek mit Joghurt und Schafskäse 95

K

Kalbsfrikadellen in Kapernsoße 51
Kalbstafelspitz aus dem Wurzelsud mit Schmalzkartoffeln 57
Kapern
    Kalbsfrikadellen in Kapernsoße 51
Kartoffelgratin mit Speck und Thymian 61
Kartoffelkugeln mit Sonnenblumenkernen, Petersilie, Parmesan und Speck 111
Kartoffeln
    Brathähnchen mit Kartoffelgemüse 47
    Fischsuppe mit Lachsbrot und Cremolata 37
    Kalbstafelspitz aus dem Wurzelsud mit Schmalzkartoffeln 57
    Kartoffelgratin mit Speck und Thymian 61
    Kartoffelkugeln mit Sonnenblumenkernen, Petersilie, Parmesan und Speck 111
    Kartoffel-Tortilla mit Paprika und Chili 103
    Lammhaxen mit Salzzitrone, Tomaten und Kartoffeln 63
    Muscheleintopf mit Chorizo 33
    Sauerkrautsüppchen mit Winzersekt 39
    Schwäbischer Linseneintopf mit Speck und Würstchen 41
    Tintenfischtuben gefüllt mit Hokkaido-Kürbis 91
Kartoffel-Tortilla mit Paprika und Chili 103
Kichererbseneintopf mit Knoblauchwurst 29
Kohlrabi-Hackfleischball 65
Koriander
    Fischcurry mit Rotbarsch 23
    Maissuppe mit Rinderhackbällchen 31
Korianderkörner
    Sandwich mit Thunfisch, Avocado und Mango-Chutney 131
Kräuteressig
    Schwäbischer Linseneintopf mit Speck und Würstchen 41
Kuchen
    Gugelhupf mit Rosinen, Rum und Pfirsichen 145
    Mango-Crumble mit Schokoladenstreuseln 143
Kümmel
    Blut- und Leberwurst mit Apfel-Sauerkraut 45
    Dunkelbierbrot gefüllt mit Preiselbeeren und Raclettekäse 109
    Grüne Bohnen mit Schwarzkümmel und Tomaten 99
    Lammhaxen mit Salzzitrone, Tomaten und Kartoffeln 63
Kürbis
    Gefüllter Hokkaido-Kürbis mit Lammhackfleisch, Schafskäse und Curry 59
    Rehkeule mit Kürbis-Maronen-Gemüse 67
    Rotes Gemüse-Kokoscurry mit Räuchertofu 35
    Tintenfischtuben gefüllt mit Hokkaido-Kürbis 91

L

Lachs
    Fischsuppe mit Lachsbrot und Cremolata 37
    Lachslasagne mit Ziegenfrischkäse und Spinat 83
    Runde Zucchini gefüllt mit Lachsfarce 87
Lachslasagne mit Ziegenfrischkäse und Spinat 83
Lammhaxen mit Salzzitrone, Tomaten und Kartoffeln 63
Lauch
    Fischsuppe mit Lachsbrot und Cremolata 37
    Sesambrot gefüllt mit Lauch, Honig und Bergkäse 113
    Kalbstafelspitz aus dem Wurzelsud mit Schmalzkartoffeln 57
Limette
    Sandwich mit Thunfisch, Avocado und Mango-Chutney 131
Limettenblätter
    Rotes Gemüse-Kokoscurry mit Räuchertofu 35
Lorbeerblätter
    Gefüllte Ente mit Maronen und Rotkohl 55
    Kalbsfrikadellen in Kapernsoße 51
    Kalbstafelspitz aus dem Wurzelsud mit Schmalzkartoffeln 57
    Runde Zucchini gefüllt mit Lachsfarce 87
    Sardinen in Tomatensoße 77
    Tintenfische in Weißweinsugo mit Knoblauch, Basilikum und Kirschtomaten 79
    Wildschweingulasch mit Pilzen 69

M

Mais
    Hash Browns mit Mais, Peperoni und Cheddarkäse 101
    Maissuppe mit Rinderhackbällchen 31
Maissuppe mit Rinderhackbällchen 31
Majoran
    Weizenbierwaffeln mit Majoran und Speck 123
Mandeln
    Gugelhupf mit Rosinen, Rum und Pfirsichen 145
    Ofenschlupfer mit Äpfeln und Rosinen 139
    Quarkauflauf mit Himbeeren 137
Mango
    Mango-Crumble mit Schokoladenstreuseln 143
    Sandwich mit Thunfisch, Avocado und Mango-Chutney 131
Mango-Crumble mit Schokoladenstreuseln 143
Maronen
    Gefüllte Ente mit Maronen und Rotkohl 55
    Rehkeule mit Kürbis-Maronen-Gemüse 67
Mediterrane Doraden 75
Miesmuscheln in Weißweinsoße 85
Milch
    Börek mit Joghurt und Schafskäse 95
    Dinkel-Zwiebelwaffeln 117
    Gefüllte Ente mit Maronen und Rotkohl 55
    Kalbsfrikadellen in Kapernsoße 51
    Lachslasagne mit Ziegenfrischkäse und Spinat 83
    Ofenschlupfer mit Äpfeln und Rosinen 139
    Süße Hefebrötchen mit Haselnüssen, Rosinen, Schokoladenstückchen und Rum 135
    Tomatenwaffeln mit Fenchel und Schafskäse 119
Möhren
    Gemüseeintopf mit Wirsing, Tomaten und Bohnen 25
    Geschmorte Rinderbeinscheiben 71
    Kalbstafelspitz aus dem Wurzelsud mit Schmalzkartoffeln 57
    Maissuppe mit Rinderhackbällchen 31
    Rotes Gemüse-Kokoscurry mit Räuchertofu 35
    Sauerkrautsüppchen mit Winzersekt 39
    Schwäbischer Linseneintopf mit Speck und Würstchen 41
    Wildschweingulasch mit Pilzen 69
Muscheleintopf mit Chorizo 33
Muskat
    Gemüseeintopf mit Wirsing, Tomaten und Bohnen 25
    Hash Browns mit Mais, Peperoni und Cheddarkäse 101
    Kartoffelgratin mit Speck und Thymian 61
    Kartoffelkugeln mit Sonnenblumenkernen, Petersilie, Parmesan und Speck 111
    Kichererbseneintopf mit Knoblauchwurst 29
    Lachslasagne mit Ziegenfrischkäse und Spinat 83
    Sauerkrautsüppchen mit Winzersekt 39

N

Nelken
- Gefüllte Ente mit Maronen und Rotkohl 55
- Kalbstafelspitz aus dem Wurzelsud mit Schmalzkartoffeln 57
- Wildschweingulasch mit Pilzen 69

O

Ofenschlupfer mit Äpfeln und Rosinen 139

Orange
- Bratapfel mit Quark-Rosinen-Füllung 147
- Gugelhupf mit Rosinen, Rum und Pfirsichen 145

P

Paprika
- Brathähnchen mit Kartoffelgemüse 47
- Fischcurry mit Rotbarsch 23
- Kartoffel-Tortilla mit Paprika und Chili 103
- Muscheleintopf mit Chorizo 33
- Rotes Gemüse-Kokoscurry mit Räuchertofu 35

Parmesan
- Kartoffelkugeln mit Sonnenblumenkernen, Petersilie, Parmesan und Speck 111
- Lachslasagne mit Ziegenfrischkäse und Spinat 83

Passepierre-Algen
- Muscheleintopf mit Chorizo 33

Pastinaken
- Gemüseeintopf mit Wirsing, Tomaten und Bohnen 25

Peperoni
- Hash Browns mit Mais, Peperoni und Cheddarkäse 101

Petersilie
- Börek mit Joghurt und Schafskäse 95
- Gefüllte Zwiebeln mit Rinderhackfleisch in Rotwein 49
- Grüne Bohnen mit Schwarzkümmel und Tomaten 99
- Kalbsfrikadellen in Kapernsoße 51
- Kartoffelgratin mit Speck und Thymian 61
- Kartoffelkugeln mit Sonnenblumenkernen, Petersilie, Parmesan und Speck 111
- Kartoffel-Tortilla mit Paprika und Chili 103
- Kohlrabi-Hackfleischball 65
- Maissuppe mit Rinderhackbällchen 31
- Muscheleintopf mit Chorizo 33
- Sardinen in Tomatensoße 77
- Schwäbischer Linseneintopf mit Speck und Würstchen 41

Pfirsiche
- Gugelhupf mit Rosinen, Rum und Pfirsichen 145
- Toast Melba 129

Pflaumenmus
- Roggenbrot-Sandwich mit geräucherter Entenbrust, Pflaumenmus und Ziegenkäse 127

Pilze
- Wildschweingulasch mit Pilzen 69

Piment
- Gefüllte Ente mit Maronen und Rotkohl 55
- Gefüllte Zwiebeln mit Rinderhackfleisch in Rotwein 49
- Gemüseeintopf mit Wirsing, Tomaten und Bohnen 23
- Kalbstafelspitz aus dem Wurzelsud mit Schmalzkartoffeln 57
- Wildschweingulasch mit Pilzen 69

Portwein
- Gefüllte Zwiebeln mit Rinderhackfleisch in Rotwein 49
- Mango-Crumble mit Schokoladenstreuseln 143

Preiselbeeren
- Dunkelbierbrot gefüllt mit Preiselbeeren und Raclettekäse 109
- Gefüllte Ente mit Maronen und Rotkohl 55
- Wildschweingulasch mit Pilzen 69

Puderzucker
- Gugelhupf mit Rosinen, Rum und Pfirsichen 145
- Ofenschlupfer mit Äpfeln und Rosinen 139

Q

Quarkauflauf mit Himbeeren 137

R

Raclettekäse
- Dunkelbierbrot gefüllt mit Preiselbeeren und Raclettekäse 109

Rehkeule mit Kürbis-Maronen-Gemüse 67

Rinderbeinscheiben
- Geschmorte Rinderbeinscheiben 71

Roggenbrot-Sandwich mit geräucherter Entenbrust, Pflaumenmus und Ziegenkäse 127

Rosinen
- Bratapfel mit Quark-Rosinen-Füllung 147
- Gugelhupf mit Rosinen, Rum und Pfirsichen 145
- Ofenschlupfer mit Äpfeln und Rosinen 139
- Süße Hefebrötchen mit Haselnüssen, Rosinen, Schokoladenstückchen und Rum 135

Rosmarin
- Brathähnchen mit Kartoffelgemüse 47
- Gefüllter Hokkaido-Kürbis mit Lammhackfleisch, Schafskäse und Curry 59
- Gefüllte Zwiebeln mit Rinderhackfleisch in Rotwein 49
- Gemüseeintopf mit Wirsing, Tomaten und Bohnen 25
- Geschmorte Rinderbeinscheiben 71
- Kichererbseneintopf mit Knoblauchwurst 29
- Lammhaxen mit Salzzitrone, Tomaten und Kartoffeln 63
- Mediterrane Doraden 75
- Muscheleintopf mit Chorizo 33
- Sandwich mit Thunfisch, Avocado und Mango-Chutney 131
- Sardinen in Tomatensoße 77
- Tintenfische in Weißweinsugo mit Knoblauch, Basilikum und Kirschtomaten 79
- Tintenfischtuben gefüllt mit Hokkaido-Kürbis 91

Rotbarschfilet
- Fischcurry mit Rotbarsch 23

Rotes Gemüse-Kokoscurry mit Räuchertofu 35

Rotkohl
- Gefüllte Ente mit Maronen und Rotkohl 55

Rotwein
- Gefüllte Ente mit Maronen und Rotkohl 55
- Gefüllte Zwiebeln mit Rinderhackfleisch in Rotwein 49
- Geschmorte Rinderbeinscheiben 71
- Schwäbischer Linseneintopf mit Speck und Würstchen 41
- Wildschweingulasch mit Pilzen 69

Rum
- Gugelhupf mit Rosinen, Rum und Pfirsichen 145
- Sandwich mit Thunfisch, Avocado und Mango-Chutney 131
- Süße Hefebrötchen mit Haselnüssen, Rosinen, Schokoladenstückchen und Rum 135

Runde Zucchini gefüllt mit Lachsfarce 87

S

Sahne
Gugelhupf mit Rosinen, Rum und Pfirsichen 145
Kalbsfrikadellen in Kapernsoße 51
Kartoffelgratin mit Speck und Thymian 61
Maissuppe mit Rinderhackbällchen 31
Ofenschlupfer mit Äpfeln und Rosinen 139
Quarkauflauf mit Himbeeren 137
Runde Zucchini gefüllt mit Lachsfarce 87
Sauerkrautsüppchen mit Winzersekt 39
Wildschweingulasch mit Pilzen 69

Salat
Sandwich mit Thunfisch, Avocado und Mango-Chutney 131
Toast Melba 129

Sandwich
Roggenbrot-Sandwich mit geräucherter Entenbrust, Pflaumenmus und Ziegenkäse 127
Sandwich mit Thunfisch, Avocado und Mango-Chutney 131
Toast Melba 129

Sandwich mit Thunfisch, Avocado und Mango-Chutney 131
Sardinen in Tomatensoße 77
Sauerkrautsüppchen mit Winzersekt 39

Sauerrahm
Buchweizenbrot mit geräucherter Forelle, Dill und Sauerrahm 107

Schafskäse
Börek mit Joghurt und Schafskäse 95
Gefüllter Hokkaido-Kürbis mit Lammhackfleisch, Schafskäse und Curry 59
Tomatenwaffeln mit Fenchel und Schafskäse 119

Schichtkäse
Quarkauflauf mit Himbeeren 137

Schinken
Toast Melba 129

Schmalz
Gefüllte Ente mit Maronen und Rotkohl 55
Kalbstafelspitz aus dem Wurzelsud mit Schmalzkartoffeln 57
Schwäbischer Linseneintopf mit Speck und Würstchen 41

Schokolade
Süße Hefebrötchen mit Haselnüssen, Rosinen, Schokoladenstückchen und Rum 135

Schwäbischer Linseneintopf mit Speck und Würstchen 41

Sellerie
Fischsuppe mit Lachsbrot und Cremolata 37
Geschmorte Rinderbeinscheiben 71
Kalbstafelspitz aus dem Wurzelsud mit Schmalzkartoffeln 57
Sauerkrautsüppchen mit Winzersekt 39
Schwäbischer Linseneintopf mit Speck und Würstchen 41
Wildschweingulasch mit Pilzen 69

Senf
Gefüllte Zwiebeln mit Rinderhackfleisch in Rotwein 49
Kalbsfrikadellen in Kapernsoße 51
Maissuppe mit Rinderhackbällchen 31

Sesam
Börek mit Joghurt und Schafskäse 95
Sesambrot gefüllt mit Lauch, Honig und Bergkäse 113

Sojasoße
Sandwich mit Thunfisch, Avocado und Mango-Chutney 131

Sonnenblumenkerne
Kartoffelkugeln mit Sonnenblumenkernen, Petersilie, Parmesan und Speck 111

Speck
Kartoffelgratin mit Speck und Thymian 61
Kartoffelkugeln mit Sonnenblumenkernen, Petersilie, Parmesan und Speck 111
Kichererbseneintopf mit Knoblauchwurst 29
Kohlrabi-Hackfleischball 65
Schwäbischer Linseneintopf mit Speck und Würstchen 41
Weizenbierwaffeln mit Majoran und Speck 123

Spinat
Lachslasagne mit Ziegenfrischkäse und Spinat 83

Sternanis
Gugelhupf mit Rosinen, Rum und Pfirsichen 145

Suppen und Eintöpfe
Fischcurry mit Rotbarsch 23
Fischsuppe mit Lachsbrot und Cremolata 37
Gemüseeintopf mit Wirsing, Tomaten und Bohnen 25
Kichererbseneintopf mit Knoblauchwurst 29
Maissuppe mit Rinderhackbällchen 31
Muscheleintopf mit Chorizo 33
Rotes Gemüse-Kokoscurry mit Räuchertofu 35
Sauerkrautsüppchen mit Winzersekt 39
Schwäbischer Linseneintopf mit Speck und Würstchen 41

Süße Hefebrötchen mit Haselnüssen, Rosinen, Schokoladenstückchen und Rum 135

T

Thunfisch
Sandwich mit Thunfisch, Avocado und Mango-Chutney 131

Thymian
Brathähnchen mit Kartoffelgemüse 47
Gefüllte Ente mit Maronen und Rotkohl 55
Gefüllter Hokkaido-Kürbis mit Lammhackfleisch, Schafskäse und Curry 59
Gefüllte Zwiebeln mit Rinderhackfleisch in Rotwein 49
Gemüseeintopf mit Wirsing, Tomaten und Bohnen 25
Gugelhupf mit Rosinen, Rum und Pfirsichen 145
Kartoffelgratin mit Speck und Thymian 61
Kichererbseneintopf mit Knoblauchwurst 29
Lammhaxen mit Salzzitrone, Tomaten und Kartoffeln 63
Mediterrane Doraden 75
Miesmuscheln in Weißweinsoße 85
Muscheleintopf mit Chorizo 33
Rehkeule mit Kürbis-Maronen-Gemüse 67
Roggenbrot-Sandwich mit geräucherter Entenbrust, Pflaumenmus und Ziegenkäse 127
Sandwich mit Thunfisch, Avocado und Mango-Chutney 131
Sardinen in Tomatensoße 77
Tintenfische in Weißweinsugo mit Knoblauch, Basilikum und Kirschtomaten 79
Tintenfischtuben gefüllt mit Hokkaido-Kürbis 91

Tintenfische in Weißweinsugo mit Knoblauch, Basilikum und Kirschtomaten 79
Tintenfischtuben gefüllt mit Hokkaido-Kürbis 91

Toastbrot
Gefüllte Zwiebeln mit Rinderhackfleisch in Rotwein 49
Kalbsfrikadellen in Kapernsoße 51
Maissuppe mit Rinderhackbällchen 31

Ofenschlupfer mit Äpfeln und Rosinen 139
Sandwich mit Thunfisch, Avocado und Mango-Chutney 131

Toast Melba 129

Tofu
Rotes Gemüse-Kokoscurry mit Räuchertofu 35

Tomaten
Fischcurry mit Rotbarsch 23
Gemüseeintopf mit Wirsing, Tomaten und Bohnen 25
Geschmorte Rinderbeinscheiben 71
Grüne Bohnen mit Schwarzkümmel und Tomaten 99
Kalbstafelspitz aus dem Wurzelsud mit Schmalzkartoffeln 57
Kichererbseneintopf mit Knoblauchwurst 29
Lachslasagne mit Ziegenfrischkäse und Spinat 83
Lammhaxen mit Salzzitrone, Tomaten und Kartoffeln 63
Mediterrane Doraden 75
Miesmuscheln in Weißweinsoße 85
Muscheleintopf mit Chorizo 33
Sardinen in Tomatensoße 77
Tintenfische in Weißweinsugo mit Knoblauch, Basilikum und Kirschtomaten 79

Tomatenmark
Geschmorte Rinderbeinscheiben 71
Tomatenwaffeln mit Fenchel und Schafskäse 119
Wildschweingulasch mit Pilzen 69

Tomatenwaffeln mit Fenchel und Schafskäse 119

V

Vanilleschote
Gugelhupf mit Rosinen, Rum und Pfirsichen 145

Venusmuscheln
Muscheleintopf mit Chorizo 33

W

Wacholderbeeren
Gefüllte Ente mit Maronen und Rotkohl 55
Wildschweingulasch mit Pilzen 69

Waffeln
Dinkel-Zwiebelwaffeln 117
Tomatenwaffeln mit Fenchel und Schafskäse 119
Weizenbierwaffeln mit Majoran und Speck 123

Weißwein
Blut- und Leberwurst mit Apfel-Sauerkraut 45
Brathähnchen mit Kartoffelgemüse 47
Gefüllter Hokkaido-Kürbis mit Lammhackfleisch, Schafskäse und Curry 59
Gemüseeintopf mit Wirsing, Tomaten und Bohnen 25
Kalbsfrikadellen in Kapernsoße 51
Lammhaxen mit Salzzitrone, Tomaten und Kartoffeln 63
Mediterrane Doraden 75
Miesmuscheln in Weißweinsoße 85
Muscheleintopf mit Chorizo 33
Rehkeule mit Kürbis-Maronen-Gemüse 67
Runde Zucchini gefüllt mit Lachsfarce 87
Sardinen in Tomatensoße 77
Tintenfische in Weißweinsugo mit Knoblauch, Basilikum und Kirschtomaten 79
Tintenfischtuben gefüllt mit Hokkaido-Kürbis 91

Weizenbier
Dunkelbierbrot gefüllt mit Preiselbeeren und Raclettekäse 109

Weizenbierwaffeln mit Majoran und Speck 123

Wild
Gefüllte Ente mit Maronen und Rotkohl 55
Rehkeule mit Kürbis-Maronen-Gemüse 67
Roggenbrot-Sandwich mit geräucherter Entenbrust, Pflaumenmus und Ziegenkäse 127

Wildschweingulasch mit Pilzen 69

Winzersekt
Sauerkrautsüppchen mit Winzersekt 39

Wirsing
Gemüseeintopf mit Wirsing, Tomaten und Bohnen 25

Wurst/Würste
Blut- und Leberwurst mit Apfel-Sauerkraut 45
Kichererbseneintopf mit Knoblauchwurst 29
Schwäbischer Linseneintopf mit Speck und Würstchen 41

Y

Yufka-Teig
Börek mit Joghurt und Schafskäse 95
Quarkauflauf mit Himbeeren 137

Z

Ziegenfrischkäse
Lachslasagne mit Ziegenfrischkäse und Spinat 83
Roggenbrot-Sandwich mit geräucherter Entenbrust, Pflaumenmus und Ziegenkäse 127

Zimt
Bratapfel mit Quark-Rosinen-Füllung 147
Gefüllte Ente mit Maronen und Rotkohl 55
Gugelhupf mit Rosinen, Rum und Pfirsichen 145
Lammhaxen mit Salzzitrone, Tomaten und Kartoffeln 63
Ofenschlupfer mit Äpfeln und Rosinen 139

Zitrone
Fischsuppe mit Lachsbrot und Cremolata 37
Kalbsfrikadellen in Kapernsoße 51
Lammhaxen mit Salzzitrone, Tomaten und Kartoffeln 63
Quarkauflauf mit Himbeeren 137

Zitronengras
Rotes Gemüse-Kokoscurry mit Räuchertofu 35
Sandwich mit Thunfisch, Avocado und Mango-Chutney 131

Zucchini
Mediterrane Doraden 75
Runde Zucchini gefüllt mit Lachsfarce 87

ÜBER DIE *autorin*

Kochen!
Das bedeutet: Liebe, Familie! Und vor allem Mama!

Sieben Tage die Woche saß die Familie beim Essen zusammen. Es war selbstverständlich, dass Mora Fütterer und ihre Brüder von klein auf der schwarzen Mehlkiste in der Küche bei Mama standen und beim Kochen zuguckten oder gar mitkochten.

Da war es unausweichlich, dass Mora Fütterer eine Ausbildung zur Köchin begann, die sie erfolgreich absolvierte. Als junge Frau in der männerdominierten Küche hatte sie es nicht immer leicht. Doch mit einem klaren Ziel vor Augen und ihrem „Dickkopf" hat sie sich durchgesetzt und ist heute bei ihren Kollegen mehr als gern gesehen. Nach der Ausbildung ging sie in die Sternegastronomie und lernte von den Besten.

Mit 21 Jahren wurde sie Küchenchefin, etwas jung, noch etwas planlos, aber mit dem nötigen Biss. 2012 machte sie sich selbstständig und reiste durch Deutschland, betreute viele Events als Küchenchefin, knüpfte Kontakte und wurde zu exklusiven Events geladen. Jettete von Hotel zu Hotel.

Vor wenigen Jahren entschloss sie sich, zurück nach Stuttgart zu gehen. Dort gründete sie ihr Catering-Unternehmen MoCuisine!, mit dem sie weiblich, charmant, hochwertig und fair zu jeder Gelegenheit auftischt. Mora Fütterer ist mit Herz Gastgeberin!

Den Einstieg in die Grillszene fand sie, als sie mit einem der größten Schwenkgrills der Welt lange unterwegs war. Heute gibt sie ihr Wissen in Grillkursen weiter und hat als eine der wenigen Frauen die männerdominierte BBQ-Szene fest im Griff.

Dank

Zuallererst danke ich Guido von Kitchenkiss, der mit seinen Bildern dieses Buch lebendig gemacht hat. Ein Kochbuch lebt von tollen Bildern!

Ich danke dem Edition Michael Fischer Verlag, der es ermöglicht hat, dass ich dieses Buch schreiben durfte.

Danke an Sophie von Petromax für die tolle Ausstattung und Unterstützung mit euren Dutch Oven.

Danke an mein tolles Team in Stuttgart, das mir immer wieder den Rücken freihält.

Danke Fabi und Petra für eure Spontanität.

*Danke an dich als Leser, keine Leser – keine Bücher.
Danke an alle, die meinen Weg mit mir gehen.*

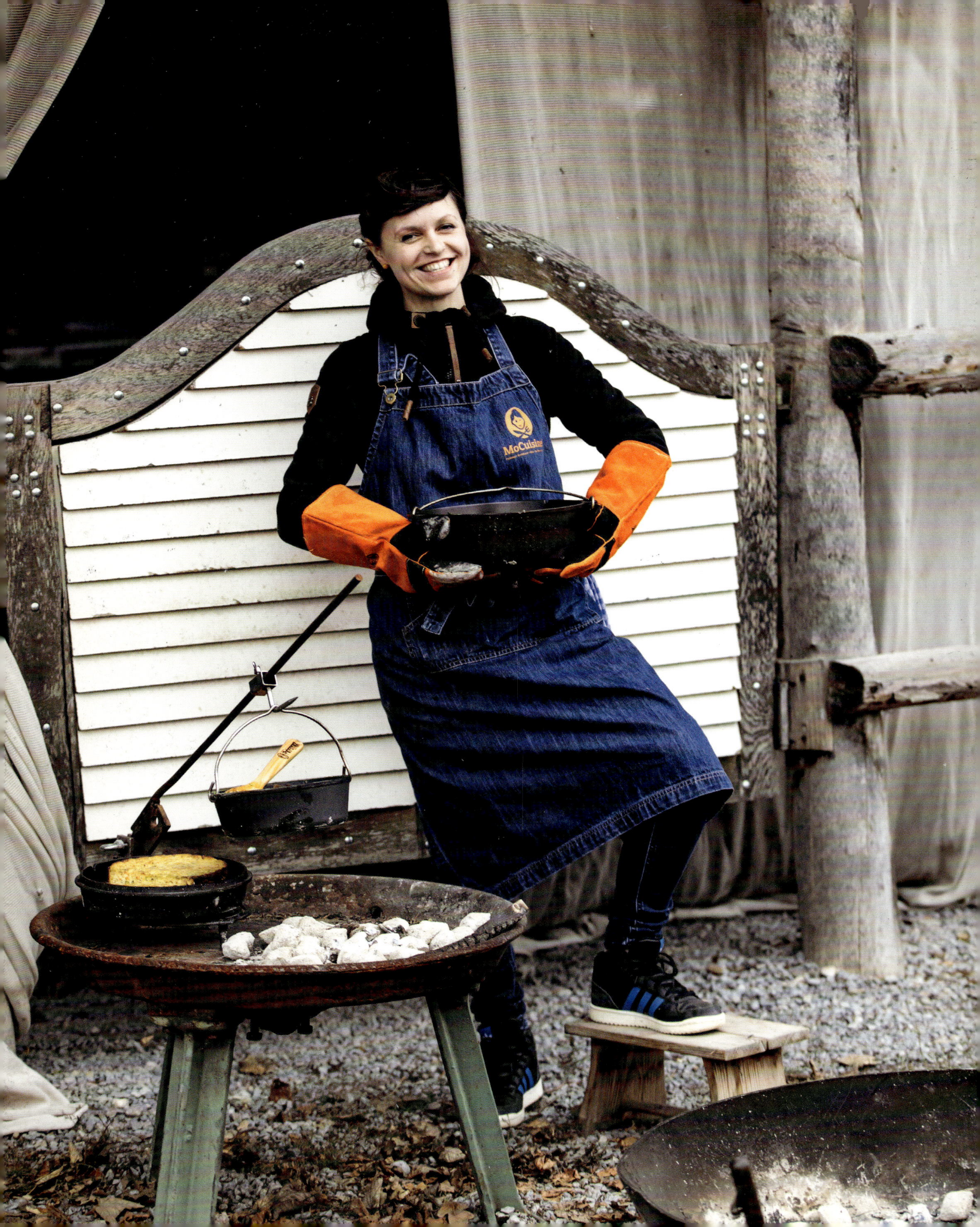
MoCuisine

IMPRESSUM

Bibliografische Information der Deutschen Bibliothek.

Die Deutsche Bibliothek verzeichnet diese Publikation in der Deutschen Nationalbibliografie. Detaillierte bibliografische Daten sind im Internet über http://www.dnb.de/ abrufbar.

Alle in diesem Buch veröffentlichten Abbildungen sind urheberrechtlich geschützt und dürfen nur mit ausdrücklicher schriftlicher Genehmigung des Verlags gewerblich genutzt werden. Eine Vervielfältigung oder Verbreitung der Inhalte des Buchs ist untersagt und wird zivil- und strafrechtlich verfolgt. Das gilt insbesondere für Vervielfältigungen, Übersetzungen, Mikroverfilmungen und die Einspeicherung und Verarbeitung in elektronischen Systemen.

Die im Buch veröffentlichten Aussagen und Ratschläge wurden von Verfasser und Verlag sorgfältig erarbeitet und geprüft. Eine Garantie für das Gelingen kann jedoch nicht übernommen werden, ebenso ist die Haftung des Verfassers bzw. des Verlags und seiner Beauftragten für Personen-, Sach- und Vermögensschäden ausgeschlossen.

Bei der Verwendung im Unterricht ist auf dieses Buch hinzuweisen.

EIN BUCH DER EDITION MICHAEL FISCHER

1. Auflage 2019

© 2019 Edition Michael Fischer GmbH, Donnersbergstr. 7, 86859 Igling

Covergestaltung: Michaela Zander
Redaktion: Kira Uthoff, Anne-Katrin Brode
Lektorat: Kira Uthoff
Fotografie: Kitchenkiss photography, Holzkirchen b. München
Layout: Michaela Zander, Anna-Maria Köperl

ISBN 978-3-96093-271-0

Gedruckt bei Polygraf Print, Čapajevova 44, 08001 Prešov, Slowakei

www.emf-verlag.de